악어의 눈

포식자에서 먹이로의 전락

yeon
doo

일러두기

1   원서에 이탤릭으로 표기된 부분은 볼드로 표기하였고,
    대문자로 강조된 부분은 글자 위의 방점으로 표시했다.

2   원문에는 없으나 독자의 이해를 위해 역자가 추가한 내용은 대괄호로 표시했다.

악어의 눈

The Eye of the Crocodile

포식자에서
먹이로의 전략

발 플럼우드 지음
김지은 옮김

차례

서문 6

서론 10

1부 포식자에서 먹이로의 전락 26

1장 포식자와의 만남 28

2장 스톤컨트리의 걷기 62

3장 균형 잡힌 바위의 지혜: 평행우주와 먹이의 관점 94

2부 비인간 생명 존재와의 소통 126

4장 웜뱃 경야: 비루비를 기억하며 128

5장 베이브, 말하는 고기의 이야기 144

3부 생명과 죽음의 생태적 순환 196

6장 동물과 생태: 더 나은 통합을 향해 198

7장 무미: 먹이로서 죽음에 접근하기 236

옮긴이의 말

인간, 먹이가 되다 –

인간을 겸손하게 만드는 생명과 죽음의 생태적 순환 이야기 252

참고 문헌 274

감사의 글 279

서

문

2008년 우리의 곁을 떠난 발 플럼우드는 책 세 권과 80편이 넘는 논문을 집필한 페미니스트 작가이자 학자다. 그의 주저는 1993년 런던 루틀리지 출판사에서 출간한 『페미니즘과 자연의 지배Feminism and the Mastery of Nature』와 2002년에 출간된 『환경 문화: 이성의 위기Environmental Culture: The Ecological Crisis of Reason』로 두 책은 페미니즘과 환경철학에 크게 기여했다. 플럼우드는 1985년 2월 장엄한 경관을 자랑하는 호주의 카카두국립공원에서 악어에게 공격 당하고 살아남은 자신의 경험에 대해 깊이 숙고한 끝에 모험 이상의 이야기, 즉 우리 삶의 의미와 우리 시대의 주요 철학적 주제를 다루는 이야기를 쓸 준비를 마쳤다. (카카두국립공원은 그 공격이 있은 지 불과 몇 달 뒤에 영화 〈크로커다일 던디Crocodile Dundee〉(1986)가 촬영된 장소이기도 하다.) 하지만 불행히도 그가 세상을 떠나던 시점까지 이 이야기는 미완성 상태였다. 『악어의 눈: 포식자에서 먹이로의 전락』은 동물과 죽음, 포식에 관해 플럼우드가 생전에 쓴 글들을 모으고 전체 세 장으로 엮어 출간한 책이다.

호주 원주민과 고대 이집트 서사가 악어를 그리는 방식처럼 플럼우드는 악어를 그릇된 인간에 대한 심판을 전하는 트릭스터trickster로 이해했다. 성서적 비유에서 악어는 변덕스러운 세상을 지배하려는 인간의 허위에 불리한 심판을 전달하는 존재다. 악어는 현재 이 세상에서 인간 존재를 잡아먹는 몇 남지 않은 주요 포식자 중 하나다. 악어는 우리가 자신을 과장된 시각으로 바라보는 인식처럼 인간을 동물 영역을 초월하는 사이버-마스터 혹은 테크노-신이라고 이해하는 대신 우리 인간을 그저 맛 좋은 먹이 중 하나로 취급하는 생물이다. 따라서 인간을 잡아먹는 악어의 포식에는 여전히 우리가 누구인지에 관한 불편하고 달갑지 않은 무언가를 상기시키는 독특한 능력이 있다. 그리고 이 능력은 과거부터 우리가 위험하게도 망각해온 하나의 교훈을 전달한다. 그것은 우리가 지배한다고 생각하는 세상의 정복 불가능성에 관한 것이다.

이 책을 여는 장들은 팽팽한 긴장감이 녹아 있는 글이자 호주의 가장 멋지고 장엄한 풍경을 배경으로 한 투쟁과 생존의 이야기다. 플럼우드는 페미니스트 작가이자 환경철학가로서 악어의 눈을 깊이 들여다보고 그 속에서 악어의 먹이가 된 경험의 의미를 되새겼다. 이는 자아성과 인간 생명과 인간의 자유에 관한 그의 관점을 변화시킨 경험이었다. 서구 문화의 지배 서사는 자연의 에너지와 과잉과 타자성을 인간화되고 도덕적 질서로 몰아넣고자 분투하면서 불사의 영웅적 이성 의식을 인간 이야기의 중심에 설정한다. 그 질서는 기꺼이 인간의 명령을 따르고 황야에 대한 인간 자신의 개념을 반영하는 질서다. 플럼우드는 오래된 인간 중심의 지배 서사를 새로운 시대에 적합한, 더욱 겸손한 이야기로 변화시키는 일에서 트릭스터로서의 악어가 우리를 어떻게 도와줄 수 있는지 보여준다.

인간에게 남은 포식자 중 어쩌면 가장 사나울 바다 악어에게 죽음의 소용돌이[1]를 세 번이나 당하고도 살아남아 이야기를 전하는 사람은 거의 없다. 이런 점에서『악어의 눈』은 생존 서사일 뿐 아니라 이 시대의 주요 환경철학가이기도 한 서술자가 인간 정체성과 인간의 투쟁, 인간 죽음의 의미를 독특하게 반영해낸 작품이라 하겠다.

---

1 〔옮긴이 주〕악어가 사냥할 때, 탈진시키거나 익사시키기 위해 먹이를 입에 물고 물속으로 들어가 수차례 회전하는 것을 'death roll'이라고 하며 국내에서는 '죽음의 소용돌이'로 번역된다.

서론

프레야 매튜스, 케이트 리그비, 데버라 로즈

발 플럼우드는 20세기 후반과 21세기 초반의 가장 위대한 철학자이자 활동가, 페미니스트, 교수자 그리고 일상의 동식물 연구자 중 한 명이었다. 한평생 결실 있는 삶을 살아가는 동안 그는 당대 떠오르는 분야인 환경철학과 생태여성주의에서 핵심 텍스트가 된 위대한 철학 단행본 두 편을 집필했다. 권위와 영향력을 지닌 사상가로서의 그의 위상은 2001년에 출간된 『환경에 대한 50대 핵심 사상가』[1]에 부처와 간디, 아르네 네스와 함께 그의 이름이 올라갔다는 사실에서도 엿볼 수 있다. 플럼우드는 2008년 뇌졸중으로 68세에 세상을 떠났다. 그는 환경철학의 고전이 된 『페미니즘과 환경의 지배』를 집필한 영향력 있는 환경 사상가였을 뿐 아니라 세상에 만연한 규범과 종종 반대되는 그 자신만의 방식으로 거침없이 삶을 살아나간 진취적 여성이었다.

플럼우드의 철학은 서양 사상의 중추적 순간에 기원을 두고 있으며 또한 역동적으로 기여한다. 자연을 다루는 서구 전통적 개념에 대한 급진적 비평이 서양 세계의 반대편 끝인 호주와 노르웨이에서 1970년대에 동시에 나타났다. 심

---

1   J. Palmer, ed. *50 Key Thinkers on the Environment*, London, Routledge, 2001.

층생태학의 창시자가 된 철학자 아르네 네스로부터 노르웨이의 비평이 기원하였다. 반면 덜 알려졌지만, 그럼에도 꽤나 신랄할 호주의 비평은 캔버라에 위치한 호주국립대학교를 중심으로 하는 소수의 철학자들로부터 시작되었다. 당시 발 라우틀리Val Routley로 알려졌던 플럼우드와 그의 배우자인 리처드 라우틀리Richard Routley가 이 모임의 핵심 인물이었다. 리처드 라우틀리는 이후 리처드 실반Richard Sylvan으로 개명했다. 발과 라우틀리는 네스처럼 당시 가시화된 환경 문제가 단순히 잘못된 정책과 기술의 결과가 아니라 서구 사상의 근간을 이루는 자연 세계에 대한 근본적 태도의 결과라는 점을 간파했다. 라우틀리에 따르면 그 태도는 인간우월주의 human chauvinism라는 근거 없는 믿음의 표현 즉, 오직 인간만이 중요하고 인간만이 도덕적으로 말할 수 있다는 편견이었다. 그러한 태도는 인간 그 외 것은 우리 인간에게 오직 어떤 효용성을 지닐 때에만 일정 부분 중요해진다는 편협한 자세를 취한다. 라우틀리 부부는 이 가정에 도전하면서 이와 함께 '새로운 환경윤리, 다시 말해 자연의 윤리가 필요한가?'라는 추요한 질문을 제기했다.[2]

라우틀리 부부와 그 동료들이 1970년대에 발굴하고 제기한 질문들은 환경철학의 의제를 수립하는 데 크게 기여했다. 초기에 이들은 주로 다른 철학자들을 위한 글을 썼고, 논리학자이자 환경사상가로서 이들의 글은 논리학과 의미론의 어휘에 주로 초점을 맞췄다. 이러한 논리학 배경은 라우틀리 부부에게 엄청난 지적 근력을 선사했으며, 이후 발은 『페미니즘과 자연의 지배』에서 논리학에서의 지적 훈련을 이원론적 사고 논리에 대한 인상 깊은 분석으로 전향했다. 하지만 네스의 심층생태학과는 달리, 라우틀리 부부의 초기 저술이 보이는 전문적 서술은 이들의 급진적 환경주의 개념이 학계 밖에서 마땅히 받아야 할 호응을 얻는 데 실패했다는 것을 보여준다.

그럼에도 라우틀리 부부는 분명 숲의 활동가이자 철학가였다. 라우틀리 부부가 1975년에 출판한 활동가로서 쓴 중대한 책인 『숲을 위한 투쟁 The Fight for the Forests』은 더 많은 청중에게 다가갔다. 이 책은 호주 산림 산업에 대한 경제

---

2 Richard Routley, 'Is There a Need for New, an Avnironmental Ethic?' *Sophia* Vol.1. (1973년 제15회 세계철학회의 발표 논문집). 초기 글은 리처드의 이름으로 발표되었지만, 본래 리처드와 발이 함께 공들여 작성한 원고였다. 이 글은 몇 년 뒤 「인간 우월주의와 환경윤리(Human Chauvinism and Environmental Ethics)」라는 제목으로 다시 출판되었다.

적, 과학적, 사회정치적, 철학적 비평을 포괄적으로 담고 있다. 1996년 리처드 실반의 사망 이후 데이비드 오튼이 실반을 위한 추모 에세이에서 밝혔듯이 이 책은 환경 문제에 광범위하게 접근할 뿐 아니라 산림학에서 가장 근본적 갈등이 '사실'이 아닌 '가치'에 관한 것이라고 주장한다는 점에서도 선구적이다.[3]

1970년대에 발과 리처드는 캔버라 남쪽의 플럼우드산에 있는 열대우림에 외딴 돌집을 지었다. 그들은 주변에서 발견한 돌로 직접 집을 지었고, 그러는 동안 환경철학을 구체화하는 주요 논문 몇 편을 작성했다. 놀랍도록 창의적인 라우틀리 부부의 동반자 관계는 1980년대 초에 깨졌고, 이혼이 뒤따랐다. 발은 계속 산에 머물렀다. 이 시기에 그 지역 열대우림 생태계의 대표 종인 거대한 자두나무plum tree로부터 플럼우드Plumwood라는 이름을 따왔다. 리처드가 자신의 이름을 실반으로 바꾼 것도 이 시기다. 발에게는 그가 이론화하고자 전념한 생태학적 가치를 따르며 사는 것이 중요했다. 하이데거의 표현을 빌리자면 그가 머무는 산의 심장부에서 '건축하기'와 '거주하기'로부터 자연스럽게 흐르는 '생각'을 하는 것이 바로 그러한 삶이라 하겠다.

이 기간에 플럼우드를 사로잡은 것은 인간중심주의의

문제였다. 플럼우드는 다른 연구자와 함께 인간중심주의가 하나의 가치 체계로서 인간과 자연 사이에 범주적 차이가 있다는 가정에 기초한다고 보았다. 이 가정은 인간 존재에게는 나머지 자연에 결핍된 무언가가 주어졌다는 것이었고, 이때 그 '무언가'는 당연히 정신으로 간주된다. 인간 또한 식물과 동물, 바위처럼 물질로 이뤄졌지만, 인간은 물질적 몸에 더하여 정신을 소유하고 있으며 왜인지 이때 정신은 몸과 범주적으로 다른 것이자 몸보다 우월한 것으로 여겨진다. 이처럼 인간과 자연을 나누는 개념적 구분의 기저에는 정신과 물질에 대한 뿌리 깊은 개념적 대립이 자리하고, 이 대립은 이후 서구 전통에서 이성과 자연의 대립으로 다듬어진다. 플럼우드는 자신의 박사 학위 논문에서 이성과 자연 간의 이러한 구분이 역사적으로 어떻게 구성되었는지, 나아가 그 구분이 서구 사상의 수많은 근본적 범주에 어떻게 계속해서 영향을 미치는지 포괄적으로 분석한 바 있다. 그의 박사 학위 논문은 1992년에 『페미니즘과 자연의 지배』라는 제목의 단행본으로 출판되었다. 물론 그의 연구가 그러한 이원론이나 이

3 D. Orton. 'In Memory of Richard Sylvan', *The Trumpeter*, Vol.14 No.1, 1997.

분법적 사고에 대한 최초의 분석은 아니지만 환경문학 내에서는 가장 포괄적 분석이었다. 그는 이성이 아닌 자연과 연관되는 모든 용어를 열등하게 만드는 이원론적 사고 체계가 어떻게 가치의 위계질서를 체계적으로 창조해내는지 매우 훌륭하게 제시했다. 여성과 노동계급과 피식민지와 원주민, 그리고 인간과는 다른 세계가 모두 자연과 연관된 용어들에 얽매었다. 그리하여 그는 현대 서구 사회에서 자연의 지배를 뒷받침하는 이데올로기가, 예속 당하는 많은 사회 집단에 대한 지배를 정당화하고 당연한 것으로 만드는 이데올로기와 같다는 점을 증명했다. 바로 이 점이 환경주의와 사회 정의를 위한 투쟁이 결코 분리될 수 없음을 암시했다. 더욱이 우리의 사회적 사고와 환경적 사고의 기반이 되는 가정들이 고찰되지 않는 한, 만연한 억압의 패턴들은 피할 수 없는 상태 그대로 남을 것이다. 우리에게는 인간과 자연 사이의 개념적 격차를 좁히는 새로운 이해가 필요하다. 정신을 물질에 되돌려주고 몸에서는 지능을 복원하며 자연이 행위성을 되찾도록 해야 한다.

플럼우드는 자신의 책『환경 문화: 이성의 위기』(2002)에서 이원론과 함께 특히 이성에 대한 독창적 분석을 정교화했고 과학, 정치학, 경제학, 윤리학, 영성과 생태학의 문제를 최신의 방법으로 다루며 그 분석 틀을 적용했다. 그는 서구 전통의 특징이자 현대 세계시장의 근대성에서 정점에 도달한 도구적 합리주의가 생태적 합리성의 형태로 대체되어야 한다고 주장했다. 플럼우드는 이 책을 출간한 이후 철학적 논쟁을 점진적으로 이끌어내는 에세이를 쓰기 시작했다. 자신만의 강력한 분석 틀을 개발해 나가면서, 그는 학계 밖의 독자들에게도 자기 삶의 열정을 계속 전달하고 영향을 미칠 방법을 지속적으로 모색했다. 그가 자신의 아름다운 에세이 「돌의 심장으로의 여행」에서 적었듯이 "창의적 글쓰기는 중요한 역할을 수행할 수 있다. 글쓰기는 매우 개방적이고 비환원적인 방식으로 세상을 경험해보는 새로운 가능성을 보여줌으로써 그 역할을 수행한다."[4]

확실히 플럼우드는 문제를 진단하는 것만으로는 충분치 않다고 믿었다. 그와 리처드가 '새롭고 환경적인 윤리가 필요한가?'라는 긴요한 질문을 제기한 지 수십 년이 지났다. 플럼우드는 상상력과 창의적인 것을 향해 나아가면서 동시

---

4 Val Plumwood, 'Journey to the Heart of Stone', in *Culture, Creativity and Environment: New Environmentalist Criticism*, eds. F. Beckett and T. Gifford, Amsterdam, Rodopi, 2007, p.17.

에 문화적이고 정치적인 논점을 내세웠다. 그는 이렇게 말했다. "우리 종種이 생태적 위기에서 살아남지 못한다면 그것은 아마도 우리가 지구와 함께 사는 새로운 방법을 상상하고 실행하는 데 실패했기 때문일 것이다. 어쩌면 우리가 우리 자신과 높은 에너지 사용, 지나친 소비와 과도한 도구적 사회를 순응적으로 손질하는 데 실패했기 때문일 것이다. 분명 **호모 리플렉투스**Homo reflectus의 시대, 자기 비판적이고 자기 갱생적인 시대가 도래했다. 경솔한 땜장이인 **호모 파베르**Homo faber는 결단코 새롭게 살아가는 법을 상상해내지 못할 것이다." 그러므로 우리는 인류의 다른 방식으로 나아갈 것이고, 그렇지 않다면 고작 한 발자국도 나아가지 못할 것이다.[5] 플럼우드는 숲의 활동가로 지속적으로 활동하면서, 이야기 쪽으로 글쓰기 방향을 전향했다. 그는 생태 지향적 문학과 문화 연구라는, 즉 생태 비평이라는 새로운 분야에 대한 관심을 키워나갔다. 2002년에는 격년으로 열리는 영국 문학환경연구협회의 학술 대회 기조 강연에 초청되었다. 이 경험은 플럼우드가 좀 더 서정적 형태의 철학적 글쓰기에 도전하도록 이끌었다. 이 모임에서 기획된 2007년의 책에서 돌에 대한 플럼우드의 아름다운 경의를 확인할 수 있다. 그는 "작가들은 우리가 다르게 사유할 수 있도록 돕는 자들중에서도 가장 중요한 존재다."라고 적었다. 이때 그가 말하는 작가는 이야기꾼과 시인, 그리고 자연의 행위성과 창의성을 생생하게 만들거나 다시 생기 넘치게 할 수 있는 창의적 소통자들이다.[6]

플럼우드는 후기 글에서 그의 철학적 성찰을 자신의 두드러진 개인적 경험과 연관 짓기 시작했지만, 자기 삶의 회고록을 써야 한다는 생각에 대해서는 일축했다. 플럼우드의 측근들은 그의 삶이 고난과 비통으로부터 멀지 않다는 점을 익히 알고 있었다. 그는 시드니 외곽의 조그마한 무상 토지에서 살아가는, 비교적 가난하지만 교육을 잘 받은 가정에서 제2차 세계대전 전야에 태어났다. 그의 어머니가 그를 한동안 집에서 가르쳤기 때문에 그에게는 지역 숲 지대를 탐험하고 집에서 기르는 암탉들과 유대감을 가질 충분한 시간이 허락되었다. 암탉들이 낳은 달걀은 아버지의 변변찮은 수입에 보탬이 되기도 했다. 학업에 우수했던 플럼우드는 장학금을

---

5 Val Plumwood, 'Review of Deborah Bird Rose's *Reports from a Wild Country*', *Australian Humanities Review*, Vol.42, 2007.

6 Val Plumwood, 'Nature in the Active Voice', *Australian Humanities Review*, Vol.46, 2009, pp.113~129.

받으며 시드니대학에서 철학을 전공했고 1965년 우등생으로 졸업했다. 이 기간에 플럼우드는 동창인 존 매크레이John Macrae의 아이를 임신했고, 이후 그와 결혼했다. 1958년에 첫째 아들이 태어났고, 1960년에 둘째 딸이 태어났다. 하지만 어린 부부에게 두 아이를 책임져야 한다는 감정적 부담과 경제적 빈곤은 너무 벅차게 느껴졌다. 결국 플럼우드는 학업을 계속하기 위해서라도 갓난쟁이 딸을 입양 보낼 수밖에 없음을 깨달았다. 발과 존이 입양으로 이미 한 번 잃은 딸은 비극적이게도 10대 때 살해 당했고, 하나 남은 아들은 20대에 퇴행성 질병으로 삶을 마감했다. 비록 플럼우드가 이토록 뼈아픈 상실의 고통에 대해 직접적으로 글을 쓴 적은 없지만, 아들이 묻힌 시골의 작은 공동묘지 무덤을 관리하는 자신의 고로를 묘사한 바 있다. 그는 아들의 무덤을 죽음이 생명으로 되돌아오는 장소로 만들기 위해 무덤과 그 주변에 야생 초목이 울창하게 우거지도록 손수 가꾸었다.[7]

　플럼우드의 삶에서 가장 유명한 사건 중 하나는 1985년 악어로부터 공격 당한 일이었고, 세상을 떠날 때 그는 이 사건에 대해 쓰고 있었다. 우기가 시작될 무렵 호주 북부 카카두국립공원에서 홀로 카약을 타는 동안 플럼우드는 거대한 악어에게 붙잡혀 한 번도 아니고 무려 세 번이나 죽음의 소용돌이를 당했다. 잘 알려졌듯이 악어는 먹이를 물속으로 끌고 들어가 가두어 익사시킨다. 세 번째 소용돌이 이후 가까스로 악어의 턱에서 빠져나온 플럼우드는 끔찍한 부상을 당했지만, 놀라운 용기를 보이며 열대 늪지대를 몇 시간 동안이나 기어 다니면서 안전한 곳을 찾았다. 늪지대는 다른 악어들이 머무는 곳에서 결코 멀지 않았다. 마침내 그는 공원 관리인에게 기적적으로 구조되었다. 이러한 서사적 경험은 플럼우드가 죽음과 자연에서 죽음의 위치에 대해 글을 쓰는 데 독특한 자격을 부여했다. 이후 그는 아름다우면서 널리 읽힌 일련의 에세이에서 먹이로서의 인간과 자연을 위한 식량으로서의 인간에 대해 계속해서 글을 썼다. 그는 말년에 이르러 죽음을 다시 인식하고 우리 사회에 수반되는 의례를 적절한 생태학적 용어로 수정하는 데 몰두했다.

이 책에 실린 에세이는 3부로 나뉜다. 1부에 수록된 글 세 편은 플럼우드가 세상을 떠날 무렵 집필하던 글이다. 카

---

7 Val Plumwood, 'The Cemetery Wars: Cemeteries, Biodiversity and the Sacred', *Local-Global: Identity, Security and Community*, Vol.3. Special Issue: Exploring the Legacy of Judith Wright, eds. Martin Mulligan and Yaso Nadarajah, 2007, pp.54~71.

카두국립공원에서 겪은 죽음에 가까운 경험에서 비롯된 이 글 세 편은 특히 인간을 잡아먹는 악어의 포식과 관련 있다. 플럼우드는 바로 이 현상이 우리 인간이 누구인지에 대한 불편하고 탐탁지 않은 어떤 점을 상기시키고, 우리가 예전부터 위험하게도 망각해온 하나의 교훈, 즉 우리가 지배한다고 생각하는 물질 세계의 저항적 행위성에 대한 교훈을 전한다고 주장한다. 우리는 이 세계가 우리의 명령에 따르고 인간 권리에 대한 우리의 개념에 순응하기를 기대한다. 하지만 플럼우드가 보여주듯 악어는 이 오래된 인간 중심의 주인 서사가 새로운 시대에 적합한 좀 더 겸손한 이야기로 바뀌도록 도와준다.

2부에 수록된 글은 비인간 동물을 다룬다. 2부는 우리가 비인간 존재를 지각 있는 행위자, 더 나아가 친족kin으로 여길 때 직면하는 질문의 종류와, 비인간 존재의 복잡한 삶에 대해 나날이 커져가는 플럼우드의 관심을 담고 있다. 첫 번째 글은 야생 웜뱃[8]의 죽음에 대한 인간적 슬픔을 다루며 이 토종 동물과 저자의 관계를 기린다. 두 번째 글은 영화 〈베이브Babe〉(1995)[9]를 예시로 삼아 재현 작품이 어떻게 인간과 동물의 관계 중심에 놓여 있는 수많은 윤리적이고 정치적인 질문을 제기하는지 살펴본다.

3부는 플럼우드가 삶의 말미 몇 년에 걸쳐 인간과 동물 관계에 대해 남긴 사유를 훌륭하게 소개하는 에세이로 시작한다. 첫 번째 글은 주로 농장 동물의 처우에 주목하고 동물을 지지하며 기리는 생태동물주의를 옹호한다. 생태동물주의는 공유와 협상 혹은 파트너십에 대한 인간과 동물 간 대화의 윤리를 장려한다. 마지막은 플럼우드가 예전에 쓴「묘지 전쟁」[10] 이야기를 악어 이야기와 함께 엮어서 우리 문화가 죽음을 다루는 방식, 특히 시체의 물질성이 포함된 죽음 방식을 재고해보려는 노력이다. 두 이야기는 생명을 순환하는 것으로 본다는 점에서 연관되며, 죽음이 생태 공동체의 다른 구성원들을 위한 생명의 기회임을 장례 의식이 확인해줄지도 모른다고 시사한다. 마지막 장에는 앞선 장에서 논의된

8 〔옮긴이 주〕유대목 웜뱃과 동물의 총칭으로 호주에서만 거주하는 것으로 알려졌다. 플럼우드는 자신의 아들이 사망한 후 1년하고 하루 뒤 야생동물구조센터에서 초식성 동물인 웜뱃 한 마리를 데려왔다. 그는 이 웜뱃에게 비루비라는 이름을 붙여주었고, 약 10년이 넘는 기간에 함께 했다. 플럼우드에게 비루비는 첫 번째 인간 아들을 잃고 난 후 얻게 된 둘째 웜뱃 아들이었다. 이 책의 4장은 비루비의 죽음을 애도하는 글이다.

9 〔옮긴이 주〕호주인 감독 크리스 누난(Chris Noonan)이 미국과 호주에서 공동 제작한 상업성 코미디 영화다. 국내에는 〈꼬마돼지 베이브〉라는 제목으로 개봉했지만, 이하에서 영화 제목은 〈베이브〉로 통일했다.

10 Val Plumwood, 'The Cemetery Wars', *Local-Global*.

상당분의 글이 반복되기 때문에 요약본을 수록하기로 결정했다. 죽음에 관한 자료, 그중에서도 플럼우드의 아들이 묻힌 묘지에 관한 자료가 담긴 마지막 장은 이 책을 마무리하기에 적절한 지점인 듯하다.

삶의 마지막 문턱에 이른 몇 년간 죽음의 문제에 몰두한 플럼우드의 선견지명은 그의 죽음 이후 '발의 친구들'이라는 비공식 모임으로 자발적으로 뭉친 친구와 동료에 의해서 지켜졌다. 이들은 그의 장례식을 주선하고 남은 일을 정리했다. 이 작은 모임의 구성원들은 거대한 관료주의적 장벽과 현실적 어려움을 극복하고 플럼우드산에 위치한 그의 자택 내 매장을 가까스로 승인 받았다. 그렇게 플럼우드의 육신은 그가 그 산의 돌을 모아 자신의 손으로 지은 집 주변에 손수 가꾼 아름다운 정원에 절차에 따라 경건하게 안치되었다. 이로써 발이 떠나는 길은 생태시학과 함께했다. 플럼우드, 그는 죽음에 있어서도 자신의 생태적 본보기에 이끌렸다.[11]

감사의 글

서론은 프레야 메튜스가 쓴 다음의 글을 개작해 수록했다. 'Vale Val', *Environmental Values*, Vol.17, 2008, pp.317~321.

11 장례에 관한 설명과 찬사, 그리고 토의는 발에 대한 기억을 기리기 위해 만들어진 웹사이트를 통해 확인할 수 있다. 〈http://valplumwood.com〉 〔옮긴이 주〕 해당 웹사이트는 현재 비활성화 상태다.

1부

포식자에서
먹이로의 전락

1장 포식자와의 만남

늘의 물줄기 바로 위에서 맴도는

악어의 눈을 바라보도록 시도해 보세요.

당신은 그 눈에서 당신의 인간성에 대한

인식을 읽어낼 수 있나요?

악어가 배부르다면 당신에게 무관심할 터이고

악어가 배고프다면 당신은 먹어치워야 할 먹이입니다.

악어의 눈은 세계에 대한 욥기의 은유로

유일무이한 것은 아니지만

'신'이나 '자연'이 자신만을 위해 만들어지기를

요구하는 사람들로부터

더 많은 관심을 받을 가치가 있습니다.

— 윌리엄 E. 코널리, 「회오리바람으로부터의 목소리」,

『사물의 속성에서』[1]

통나무가 아무리 오랫동안 강에 놓여있다 한들,

그것은 결코 악어가 될 수 없다.

—아프리카 속담

제 이야기는 호주 북부 안헴랜드 열대 지역인 스톤컨트리에
서 시작되고 마칩니다. 이곳은 하늘과 바람과 물이 거대하
고 환상적 형태로 조각한 돌의 땅이지요. 건기에 부는 바람
의 마모하는 힘은 12월부터 이듬해 4월까지 비를 쏟아 붓는
우기 태풍의 침식하는 힘과 맞먹습니다.

거대한 사암으로 이뤄진 바위 꼭대기와 그 아래 뒤덮인
돌들이 어머니 대지와 아버지 하늘의 격렬한 부부 싸움으로
10억 년에 걸쳐 형성된 이 지역을 내려다보고 있습니다. 사
암층과 굉장히 활동적인 고온의 대기 사이에 벌어진 그 투
쟁의 에너지는 거칠면서도 육욕적입니다. 그 에너지는 거대
한 돌의 고원을 기이하고 미로 같은 폐허로 만들어버리며,

---

1 William E. Connolly, 'Voices from the Whirlwind' in Jane Bennett
and William Chaloupka eds. *In the Natures of Things*, (Minneapolis,
University of Minnesota Press, 1993, p. 205.

풍화된 돌이라는 대지 서사의 무한한 다양성을 매번 새롭게 드러냅니다.

돌과 바람과 물이 서로 협력하여 이 땅을 형성합니다. 스톤컨트리의 힘은 매년 극심한 홍수가 일어나는 강어귀 아래에서 두드러집니다. 연례 행사인 이 홍수는 카카두 지역의 생태에 매우 중요합니다. 이스트엘리게이터강의 비옥한 하구와 스톤컨트리에 수원水原을 둔 다른 강들에 살았던 인류 문화들은 이 지역과의 관계에서 깊은 자양분을 얻어왔습니다. 이곳은 식량과 자연의 아름다움이 풍부한 장소였습니다. 하지만 또한 인간이 다른 많은 강력한 힘과 원소와의 관계 속에서 자리 잡아야 했던 장소이기도 합니다. 이 환경에서 생명의 열쇠인 물의 힘을 쥐는 자는 무지갯빛 뱀, 은갈료드Ngalyod[2]입니다. 그녀가 선보이는 물의 순환은 장엄하고도 창의적입니다. 우기에 하늘을 가로지르는 무지개 아치처럼 은갈료드는 이곳의 생명을 순환하고 매년 땅과 바람과 물의 통합을 이뤄냅니다.

저는 항상 '너무 멀리 가버리는' 유형의 사람이라고 생각합니다. 1985년 2월 작고 빨간 카누의 노를 저을 때, 저는 확실히 너무 멀리 가버리고 말았습니다. 이스트엘리게이터강이 솟구치는 안헴랜드고원의 스톤컨트리 바깥 지점까지 간 것이지요. 번개맨Lightning Man[3]이 하늘을 가로질러 무지개를 던지고 폭우가 땅을 덮치기 시작하는 우기 첫날에 지나가기에는 적합하지 않은 장소였습니다. 수천 평방 마일의 사암 고원에 쏟아진 비는 강력한 계절성 홍수가 되어 강 하류를 휩쓸고 그로부터 반년간 범람원 저지대를 물에 잠기게 만듭니다. 마구 쏟아지는 빗줄기 스콜이 땅과 하늘을 재회시킵니다. 제가 악어와 아슬아슬하게 마주친 곳이 바로 이곳입니다. 제 파충류 스승은 몸싸움의 달인이었습니다. 그리고 그는 제 경솔한 특성, 인간 생명의 위태로운 본성, 제가 알아야 하고 다른 이들에게 전하기 위해 노력해야 할 수많은 것에 관해서 저보다 훨씬 더 나은 심판자였습니다.

우리가 먹이라는 사실은 인간 존재의 사소하거나 중요하지 않은 특징이 결코 아닙니다. 우리는 육즙과 영양분이 풍부한 몸을 가지고 있습니다. 하지만 저는 강 상류에 이르

---

2 〔옮긴이 주〕 무지갯빛 뱀으로 알려진 은갈로드는 호주 원주민 신화에 자주 등장하는 창조신으로 주로 물과 비에 연관된 서사가 많다. 이는 생명 창조와 유지에서 물이 가진 중요성을 반영한 것으로 보인다.
3 〔옮긴이 주〕 번개맨은 호주 원주민 신화에 등장하는 조상신으로 마마라간(Mamaragan) 혹은 나마콘(Namarrkon)으로 불린다. 그의 목소리는 천둥을 부르는 것으로 알려진다.

려는 제 여정의 계획에서 인간 생명의 이러한 중요한 측면, 즉 먹을 수 있는 동물 존재로서 저 자신의 취약성을 충분히 고려하지 않았다는 점을, 악어의 눈을 바라보았을 때에 비로소 깨달았습니다. 호주는 현존하는 악어 중 가장 큰 악어가 서식하는 곳입니다. 이 악어는 고대 공룡의 가장 가까운 친척으로 하구악어 또는 바다악어라 불립니다.

　호주 북부 강과 호수에서 성체 바다악어는 상업적 사냥으로 사실상 거의 모두 사살되었기 때문에 얼마 전까지만 해도 멸종 위기에 처해진 것으로 알려졌습니다. 그러나 10년 이상의 보호 끝에 그 숫자는 불어나기 시작했습니다. 바다악어는 아주 오래전부터 인간의 포식자로, 인간의 눈에는 섬광으로 보일 정도로 매우 빠르게 움직일 수 있는 생명체입니다. 제가 탄 카누를 공격하고 쫓아와서 제 눈길에 시선을 고정한 악어는 머리를 제외한 모든 몸체가 탁한 물밑에 있었기 때문에 그 크기를 가늠하기 힘들었지만, 제가 악어에게 강렬한 관심을 불러일으킨 것만은 분명했습니다. 이제 저는 점찍은 먹잇감에게 자기 몸 크기에 대한 잘못된 인상을 전하는 한 동물이 바로 그 먹잇감을 도울 수 있음을, 먹잇감 자신이 누구고 무엇인지에 대한 그릇된 이해를 바로잡아 줄 수 있음을 확실히 알게 되었습니다.

물론 저는 그 일이 일종의 동떨어지고 추상적인 방식으로 일어났다는 사실을, 인간 역시 결국 동물이며 때때로 아주 드물게는 다른 동물들처럼 잡아먹힌다는 점을 잘 알고 있습니다. 제가 악어의 먹이라는 점, 제 몸이 그들처럼 고기로 만들어졌다는 점을 알고 있었습니다. 그러나 또 한편으로는 매우 결정적으로 저는 그 사실을 알지 못했고 또 전적으로 거부했습니다. 어쩐지 다른 존재의 먹이가 된다는 사실은 진짜인 것 같지 않았습니다. 지금 느끼는 방식과는 달랐습니다. 저는 퍼붓는 빗속에서 악어의 아름다운 금빛 얼룩무늬 눈동자를 내려다보며 카누에 서 있었습니다. 바로 그 순간까지 저는 제가 동물이자 필멸의 존재라는 점을 인식했던 것과 동일하게, 아주 추상적이고 현실과 동떨어진 방식으로 제가 먹이라는 점을 알고 있었습니다. 진실의 순간에 추상적 지식은 구체화됩니다. 당신은 그림자처럼 먼 이방인으로 인식했던 자신의 죽음이 갑자기 눈앞에서 섬뜩하고 입이 쩍 벌어지는 모습으로 떠오르자 차마 말을 잇지 못할 만큼 놀라면서 그것을 응시합니다. 그리고 당신은 어떤 강력한 생명체가 당신의 특별한 지위를 무시한 채 당신을 잡아먹으려 한다는 믿을 수 없는 상황에 숨이 막힙니다.

　　어쩌다 이런 끔찍한 실수를 하게 되었는지 저 자신에 대해, 제 자리에 대해, 제 몸에 대해 스스로 질문했습니다. 숱한 최후의 순간을 망치는 정말 바보 같은 기분으로 자신에게 질문했습니다. 정체성에 관한 철학적 실수였을까요? 먹이를 제공하는 물질적 신체로서의 자아와 분리된, 육신을 떠난 의식으로서의 자아가 실수였을까요? 아니면 인간은 다른 동물들보다 그리고 그들과 달리 특별하다는 생각이 실수였을까요? 저는 제 잘못된 의식의 문화적 기원에 대해 숙고해볼 진솔한 기회가 없었습니다. 그 순간 악어는 물속에서 재빨리 뛰어올라 그저 섬광처럼 보일 뿐이었고, 저를 물속으로 끌어내리기 직전에 다리 사이로 저를 움켜잡았습니다. 그날 오후 극심한 상처를 입은 채 홍수의 길목에 누워있는 동안에는 그 문제에 대해 고뇌하지 않았습니다. 하지만 그 이후로 저는 이 처참한 환영에 대해 고뇌하고 또 추적하기 위해 수년을 할애했습니다.

〰〰〰

어떤 사건들은 당신의 삶과 작업을 완전히 바꾸어놓을 수 있습니다. 비록 때때로 그 변화의 정도가 많은 시간이 흐르기 전까지 분명하게 드러나지 않더라도 그렇습니다. 그 사건에는 당신이 세상을 전적으로 다른 방식으로 보도록 이끄는 힘

이 있으며, 이제 당신은 다시 예전처럼 세상을 볼 수 없습니다. 당신은 한계에 다다랐고 별들이 방향을 바꾸는 모습을 보았습니다. 많은 사람이 증언하듯 죽음의 순간이 자아내는 극도로 고조된 의식은 모든 역경을 무릅쓰고 유예를 받아 살아남은 사람들에게 가장 분명한 계시이자 삶을 변화시키는 것입니다. 그 최후의 순간에 나타난 비범한 비전과 통찰력은 우리가 세계를 바라보는 평범한 관점과는 조화를 이루기 어려울 수 있습니다. 거대하고 날카로운 이빨을 자랑하는 턱이 당신을 엄습할 때, 그 마지막 순간의 생생한 강렬함 속에서 그것은 천둥소리처럼 당신을 강타할 수 있습니다. 당신의 개인적 삶이 무엇을 의미하는지 뿐 아니라 삶과 죽음 그 자체가 도대체 무엇을 의미하는지에 이르기까지, 당신이 완전히 잘못 알고 있었던 모든 것을 강타합니다.

어찌 되었든 이것이 제가 경험한 방식입니다. 이른바 '진실의 순간'이라 불리는 것이 제가 살았다고 생각한 세계가 기실 환영이며, 세계에 대한 제 관점이 끔찍하고 놀라울 정도로 잘못되었다는 점을 드러냈습니다. 이 모든 것에 대해서 완전히 잘못 알았다는 느낌은 저 자신의 생명 가치를 잘못 알았다는 것과 제 생명을 위험에 처하게 한 저의 어리석음 그 이상이었습니다. 감히 가늠할 수 없는 생명의 가치를 잘못 알았다는 자책이나 후회를 말하는 것이 아닙니다. 최후의 순간에 직면했을 때 느끼는 생명을 위험해 처하게 한 바보 같은 짓이라는, 생명은 헤아리는 것보다 훨씬 더 소중하고 생명을 지키기 위해 더 신경을 썼어야 했다는 일종의 후회 같은 강렬한 인식을 말하는 것이 아닙니다. 임박한 죽음이 불러일으킨 후회도 있었지만, 그곳에는 그 이상의 다른 무언가가 있었습니다.

악어의 강력한 턱이 제 몸을 움켜잡는 순간 무언가 심오하고 믿을 수 없을 정도로 잘못된 일이 일어났다는 느낌이 들었습니다. **일종의 그릇된 정체성이었지요.** 제 불신은 존재론적일 뿐 아니라 윤리적인 것이었습니다. 이런 일은 일어나지 않았으며 일어날 수도 없습니다. 그러나 세계는 그렇지 않았습니다. 그 생명체는 규칙을 어기고 있었고, 제가 먹이로 전락할 수 있다고 완전히 잘못 알고 있었습니다. 인간 존재로서 **저는 먹이 그 이상이었습니다.** 저를 먹이로 전락시키는 것은 제가 어떤 존재인지에 대한 모든 부정이자 모욕이었습니다. 제 존재의 다른 모든 면이 완전히 무분별한 사용에 희생될 수 있을까요? 제 복잡한 신체 조직이 파괴되어 다른 존재의 신체 일부로 다시 배치될 수 있을까요? 저는 분노를 느끼고 불신하면서 이 사건을 거부했습니다. 그것은 환영이었습니다! 부당할 뿐 아니라 비현실적인 일이었습니다!
결코 발생할 수 없는 일이었습니다!

한참 뒤에 곰곰이 생각해보니 저는 그 사건을 다른 방식으로 들여다볼 길이 있음을 뒤늦게 깨달았습니다. 그곳에 환영은 있었지만, 제가 생각한 것과는 반대였습니다. 환영이었던 것은 오히려 세계의 '평범한 경험'이었고, 제가 먹이가 된 잔인한 새로운 세계야말로 예상치 못한 현실이거나 적어도 그 현실의 일부였습니다. 그러나 제가 그 순간에 본 모든 것은 먹잇감이 되는 경험과, 정상성을 위해 택한 믿음과 생명 체계 사이의 괴리였습니다. 정상성 체계가 사실이라면 이 괴리는 오직 먹잇감이 된 경험이 환영이거나 꿈이거나 악몽일 때에만 설명될 수 있습니다. 하지만 그렇지 않다면 저는 저와 제 의식을 형성한 문화가 많은 것에 대해서, 특히 인간의 체현과 동물성, 그리고 인간 생명의 의미에 대해서 너무나 잘못되었기 때문에 그 괴리가 발생했을 가능성에 직면해야만 했습니다.

가끔 일상적 경험이 당신을 속일 수도 있습니다. 그 경험은 매우 심각하게 잘못된 것일 수도 있고 당신이 전혀 이해할 수 없는 것일 수도 있습니다. 제가 가장 최근에 접하여 지금까지 유지되는 환영은 몇 년 전 캐나다의 먼 북쪽에서 또 다른 카누 여행 중일 때 일어났습니다. 저는 필강Peel River 에 있었고, 제 주위를 둘러싼 모든 지형에 약간 위쪽으로 기 울어진 평행 지층이 뚜렷하게 드러나 있었습니다. 인간의 눈은 이런 환경에서 땅을 수평의 준거점으로 삼기에 저는 우리 가 평평한 풍경을 가로질러 움직이고 강은 급강하의 내리막 길을 달리고 있다는 아주 강력하고도 끈질긴 환영을 경험했 습니다. 그러나 맞지 않는 것들이 있었습니다. 강의 경사는 매우 가파르게 보였지만, 물은 급류 없이 잔잔했습니다. 강 을 따라 내려가는 우리의 차분한 이동은 초현실적이고 몽환 적이었는데 움직임은 전혀 불쾌하지 않았습니다. 오히려 정 상 중력을 벗어나 평행우주로 들어간 것처럼 어딘지 매혹적 이고 자유롭기까지 했습니다. 환영의 존재를 드러내고 수평 에 있어 정확한 것은 땅이 아니라 강이라는 점을 알기까지, 여러 가지 사소한 단서와 잘 들어맞지 않는 경험을 교정하는 작은 조각들을 살펴보는 작업이 필요했습니다.

악어와의 조우로 드러난 환영은 일상적 경험의 의미에 대한 특이한, 그리고 더 철학적 종류의 환영이었습니다. 그 러나 같은 방식으로 그 환영은 사람들이—개인으로서, 집 단으로서, 어쩌면 특정 지배 이야기[4]를 지지하는 모든 문화 로서—꽤나 단순하고 기본인 것들을 완전히, 그리고 체계적으로 잘못 알고 있을 수 있고, 어쩌면 잘못 알고 있다는 사실 자체를 인지하고 있지 않을 수 있다는 점을 드러냈습니다. 그 단순하고도 기본인 것은 먹이와 다른 존재에 관한 우리의 관계, 삶과 죽음의 얽힘, 인간 존재의 육욕적이고 체현된 특성에 관한 것입니다. 몇몇 사람은 지배 이야기에 적합하지 않은 특정 단서와 경험을 우연히 발견함으로써 환영 그 자체를 보게 될 수도 있습니다. 땅이 수평적이라는 환영과 마찬가지로 인간이 포식 관계에서 언제나 '승리의 편'에 위치한다는 사실이 우리를 속이고 우리에게서 실제 사물의 기울기, 즉 우리의 동물성과 체현의 진정한 척도를 숨긴다고 가정해봅시다. 그리고 이 환영을 바로잡을 수 있는 단서적 경험이 이제 어떤 이유로 더 희박해진다고 가정해봅시다. 어쩌면 지배 이야기 자체가 그러한 경험이 사라진 원인일 수도 있습니다. 그 환영은 아주 오랫동안 지속되어 누군가 무

---

4 〔옮긴이 주〕플럼우드는 서구 철학과 서구 문명이 주인 모델(master model)에 기초한 지배 이야기(dominant story)라고 비판한다. 그는 주인 모델에서 합리적 주체로서의 인간을 주인의 자리에 위치시키고 자연을 타자의 자리에 위치시킨 이원론의 다섯 가지 핵심 기제를 배경화/부인, 급진적 배제/과도한 분리, 병합/관계적 정의, 도구주의/대상화, 동질화/정형화로 설명한다.

엇인가가 잘못되었다는 점을 깨닫기 전에 실제 재앙을 초래할 수도 있습니다. 그리고 환영의 오랜 지속으로 재앙이 초래될 쯤이면 그 문화는 이미 인간과 다른 존재의 접촉 자체를 대대적인 방식으로 끊어냈을 것입니다.

제가 생각하는 것은 인간의 동물성에 관한 지배 이야기의 영향 아래에 있는 서구 문화에 과연 무슨 일이 벌어졌는가 하는 것입니다. 제1세계 혹은 과도한 특권을 가진 현대인에게 다른 동물의 먹이가 되는 겸손한 경험은 이제 전적으로 이질적이며 감히 상상할 수도 없는 일입니다. 인간이란 다른 생명체와는 다르고 더 우월한 존재이자 정신으로 만들어진 존재라고 떠받드는 우리의 지배 이야기는 우리 삶에서 우리를 불쾌하거나 불편하게 혹은 위험하게 만드는 동물을 제거하도록 부추겼습니다. 특히 인간을 잡아먹을 수 있는 동물을 제거했습니다. 순환적인 포식 경험의 부재 속에서 우리는 포식을 인간이 다른 존재, 즉 인간보다 열등한 존재에게 행하는 무언가로 인식합니다. 하지만 결코 우리에게 포식이 행해지리라고는 생각하지 않습니다. 우리는 승리자일 뿐 결코 희생물일 수 없습니다. 승리를 경험하지만, 결코 비극은 경험하지 않는 것입니다. 우리의 진정한 정체성은 육체가 아닌 정신인 것처럼 말입니다. 이로써 우리는 다른 존재에 대한 우월성과 분리성의 환상을 강화하고 보강합니다. 잘못을 교정하고 일깨우는 경험의 형태가 일상생활에서 제거되었으므로 이 환영을 바로잡을 수 있는 경험의 유형은 더 희박해져 갑니다.

돌이켜보니 그 진실의 순간에 제가 사물 체계 속 인간의 위치와 죽음에 대한 환상의 영향 아래 있었음을 알게 되었습니다. 필강에서 본 환영과 꽤나 유사합니다. 먹이가 된다는 가능성에 맞섰을 때, 저는 필강의 한 부분을 인식했던 것과 같은 방식으로 저 자신이 누구였는지에 대한 감각이 제대로 작동하지 않았습니다. 그저 평야를 굽이굽이 가로지르는 것과 같은 여유로운 속도로 강물이 천천히 흘러내리는 평행우주에 들어선 것 같았습니다.

저는 악어의 눈을 통해 평행우주처럼 보이는 곳으로 뛰어들었습니다. 이곳은 '보통의 우주'와는 전혀 다른 규칙을 가진 우주입니다. 이 가혹하고 생소한 영토가 바로 모든 것이 흐르며, 우리가 다른 존재의 죽음을 살아가고, 다른 존재의 생명으로 죽는 헤라클레이토스적 우주Heraclitean universe입니다. 이 우주는 먹이사슬로 나타납니다. 저는 이 평행우주에서 갑자기 몸집이 작고 먹힐 수 있는 동물의 형태로 바뀌었습니다. 이 동물의 죽음은 한낱 쥐의 죽음보다 결코 더 중요하지 않습니다. 저는 자신을 고기로 인식하게 되어 제가 이 음침하고 매정하고 개탄스러운 세계에서 살아간다는 사실에 엄청난 충격을 받았습니다. 이 세계는 제가 얼마나 똑똑하든 간에 그 어떠한 예외도 두지 않으며, 저를 다른 살아 있는 존재처럼 고기로 만들어진, 그리하여 다른 존재에게 영양가 있는 먹이로 간주합니다.

저는 제가 살아남은 역경에 맞섰기 때문에 이후에 두 우주 — 보통의 우주와 평행우주 — 를 화해시키는 과정에 착수할 수 있었습니다. 평행우주는 기실 저 자신의 세계이자 제가 항상 살아온 경험과 체현의 세계였으며 저를 태어나게 하고 지금의 저를 만든 세계였습니다. 제가 고기였던 세계는 제가 현실이라고 바라본 것으로부터 너무도 멀리 벗어나 있어서, 저는 그 세계를 일상의 세계로 인식하지 못하였습니다. 이렇게 저는 평행우주를 허구로 받아들여야만 했습니다. 하지만 평행우주는 현실 세계의 세속적 삶으로부터 벗어나는 것이라기보다는 제 망상을 일깨우는 척도였습니다. 제게는 이 가혹한 세계를 제 것으로 인정하고 그와 화해하는 일이 큰 투쟁이었습니다. 그 인정과 화해가 바로 이 책이 제공하고자 하는 바입니다.

이 사건들은 제가 상처를 회복한 이후 오랜 시간 동안 숙고할 수 있는 풍부한 자료를 제공했습니다. 먹이와 죽음과 불완전함이라는 강한 느낌을 둘러싼 숱한 지적 수수께끼를 남겼습니다. 어째서 저는 자신을 먹이로 볼 수 없었을까요? 왜 그것이 그토록 잘못된 것처럼 보였을까요? 도대체 어떤 의미에서 잘못된 것처럼 보였을까요? 먹이가 된다는 것은 왜 그토록 충격적이었을까요? 어떤 충격이었을까요? 저는 왜 그처럼 위험한 일을 하면서 제게 닥친 위험을 인식하지 못했을까요? 왜 이 세계에서는 저 자신을 그러한 위험에 노출된 존재로 인식하지 않는 걸까요? 수년간 인간중심주의를 비판해온 비평가로서 저는 왜 인간의 분리성에 대한 그리도 많은 환영을 품을 수 있었을까요? 이것은 제 개인적 혼란을 드러내는 걸까요, 아니면 인간의 우월감과 분리성이 지배 문화에 얼마나 깊숙이 퍼졌는지를 보여주는 걸까요? 양자 모두일까요? 저는 여기서 이와 같은 질문의 일부를 제기하고자 합니다.

수천 년간 서구 종교와 서구 철학은 인간이 동물과 자연의 나머지 부분과 구별되며, 인간은 그들과 달리 신의 형상을 본떠 만들어졌다고 가르쳤습니다. 인간 이외의 어떤 종이 구원 받을 수 있다거나 오직 인간만을 위한 신성함과 완전함의 장소인 천국에 갈 수 있다고 믿는 것은 이단이었습니다. 신은 물질적이지 않고 초월적이며 자연과 구별되고 우리 종만을 위한 존재입니다. 우리는 여전히 인간의 특별한 지위에 엄청나게 많은 것을 투자합니다. 다윈에게서 배움을 얻었음에도 우리 문화는 인간이 동물과 함께 자연적 질서에 포함된다는 합의에 이르는 데 처참히 실패했습니다. 이 점이 환경 위기를 만든 주요 요인입니다. 인간 정체성을 지구 바깥에, 대척점에, 그리고 물질 자체를 초월한 분리된 우주에 위치시키는 문화가 다윈이 전한 새로운 사실, 즉 우리 혈통이 다른 동물로부터 진화를 통해 전해졌다는 점을 받아들이는 것은 결코 사소한 일이 아닙니다.

다윈적 지식은 오랜 투쟁 끝에 어떤 곳에서는 받아들여졌지만, 매우 피상적이고 주로 지적 수준에서만 수용되었습니다. 그것은 우리 의식의 다른 부분을 관통하지 않았으며 깊이 뿌리내린 문화와 여전히 불화합니다. 대부분의 지배 문화는 아직도 이 지식에 저항하며 일부는 명시적으로 타협을 거부합니다. 지적 수준에서조차 이 지식의 평등주의적 의미를 회피하려는 온갖 책략이 난무합니다. 예를 들어 최근까지 교황의 교리는 우리의 몸은 다른 동물로부터 진화했을 수 있지만, 인간성의 진정한 기초인 우리의 정신은 신이 주신 것으로 다른 어떤 동물과도 비교할 수 없다고 가르쳤습니다. 우리는 세계의 진정한 주인으로서, 진화의 정점으로서, 설계된 모든 것을 위하고 모든 것을 이끄는 최후의 종으로서 특별하게 남아 있습니다.

세계를 보는 이러한 방식은 우리 문화가 육체에 관한 고통스러운 모순을 만드는 한, 의식적 동물성의 특성을 받아들이기 매우 어렵게 만듭니다. 그 모순은 다름 아닌 육체를 지닌 썩어가는 신체, 생각하는 살, 노래하는 살, 자신의 취약성을 아는 살이 갖는 항성적 정체성sidereal identity입니다. 먹이가 된다는 것은 체현의 현실, 우리가 먹이이자 살로서 동물적 질서에 포함된다는 점, 우리는 우리가 먹는 것과 친족이라는 점을 매우 냉혹하게 마주하게 합니다. 우리는 다른 존재의 잔치feast를 육신이 없는 눈으로 담아내는 구경꾼이 아니라 그 잔치의 일부라는 점을 마주하게 됩니다. 우리가 바로 잔치인 것입니다. 겸손하고도 매우 파괴적 경험입니다.

비록 우리 존재가 이 세계에서 정신의 위치에 대한 휘황찬란한 추측으로 가득 차 있을지라도 우리는 다른 모든 동물과 마찬가지로 여전히, 그리고 우선적으로 먹이입니다. 이 사실을 부정하고 '거리를 두는' 우리의 능력은 우리를 먹이로 삼는 다른 존재를 제거하는 방식으로 매우 위험하게 강화됩니다. 이 난제에 대한 제 대답은 철학적인 것이었고 인간/자연 이원론의 이론 내에 자리 잡고 있습니다.

저는 인간/자연 이원론을 제가 속한 문화와 시간, 그리고 역사의 실패로 바라봅니다. 인간/자연 이원론은 서구 기반의 문화적 형성으로 수천 년을 거슬러 올라갑니다. 이것은 본질적으로 인간을 신체와 동물과 전前인간으로 구성된 낮은 질서로부터 급진적으로 분리된 이성과 정신 또는 의식의 질서로 간주합니다. 여성, 노예, 그리고 민족적 타자(이른바 '야만인')와 같은 인간성의 열등한 질서는 이성에 덜 참여하고 체현과 정서성과 같은 낮은 '동물적' 요소에 더 많이 참여함으로써 낮은 영역에 더 많이 관여하게 됩니다. 인간/자연 이원론은 인간을 비인간보다 우월할 뿐 아니라 그들과 다른 종류의 존재로 간주합니다. 낮은 영역에 존재하는 비인간은 높은 영역에 있는 인간을 위한 자원에 불과합니다. 이러한 이데올로기는 서구 문화가 자연을 착취하는 데 제약을 덜 받도록 만들었을 뿐 아니라 문화가 자연 속에 뿌리내리고 있다는 점과 자연에 의존하고 있다는 점을 부인하게 하면서 위험한 환영을 만들어냈습니다. 인간이 먹이 그물에 포함되는 것을 부정하는 우리의 모습과 생태적 위기를 처리하는 우리의 대응에서 이러한 모습을 찾아볼 수 있습니다.

인간/자연 이원론은 인간과 비인간 사이의 다리를 양쪽 끝에서 파괴하는 양면적 사건입니다. 말하자면 인간은 본질적으로 몸에서 분리되고 자연의 나머지 부분으로부터 벗어나서 불연속적인 것처럼 자연과 동물은 윤리와 문화의 영역에서 배제된, 정신이 깃들지 않은 몸으로 여겨집니다. 우리 자신을 다른 동물보다 우월하다고 보는 대신 생태학적으로 다른 동물과 유사하게 체현된 존재로서 우리를 다시 상상하는 것은 동물과 비인간 세계에 나타난 정신과 문화를 인정하는 것만큼이나 서구 문화에 있어 중대한 도전입니다. 인간/자연 이원론의 양면성은 통합되어야만 하는 두 가지 과제를 만듭니다. 하나는 인간의 삶을 생태학적 관점에 위치시키는 것이고 다른 하나는 비인간의 삶을 윤리적 관점에 위치시키는 것입니다.

생태학적으로 체현된 모든 존재가 의미상 다른 존재를 위한 먹이로 존재한다 할지라도 서구의 인간 지상주의적 문화는 우리 인간이 다른 동물과 같은 방식으로 먹이사슬에 속할 수 있다는 점을 부정함으로써 인간의 생태적 체현을 부인하려고 부단히 노력합니다. 결과적으로 인간을 잡아먹는 포식자들은 처형되거나 대부분 제거 당했습니다.

호주 북부의 강어귀에 서식하는 거대한 악어의 눈은 금색 반점이 있는 파충류의 눈으로 무척 아름답습니다. 악어는 세 겹의 눈꺼풀을 가지고 있습니다. 악어는 당신의 척도를 아는 존재로서 좀처럼 감명 받지 않는 것처럼 당신을 냉랭하게 살펴봅니다. 하지만 당신이 악어의 관심을 끌 수 있다면 그 눈은 돌연 강렬하게 빛날 수 있습니다. 이것이 1985년 2월 강의 후미에서 제가 카누의 노를 저으며 저질렀던 실수였습니다.

그 이후로 저는 악어의 눈이 악어의 먹이가 되는 존재의 목소리와 마찬가지로, 말하고 생각하는 입장이라는 것을 이해하게 되었습니다. 하나는 다른 하나가 없다면 이해될 수 없습니다. 저는 우리가 환희를 느끼며 살아가고 생물권biosphere과 우리가 맺는 현재 관계를 이해하는 세계, 바로 그 세계를 기릴 수 있는 철학을 구축하는 것이 이 세계를 밝히는 일이라고 생각합니다.

그러나 이 입장은 이 세계로부터 차단 당하고 배제되고 있습니다. 이 목소리를 듣기 위해서는 자신을 생태학적 관점에서, 그리고 역사적이고 진화적인 관점에서 살펴볼 필요가 있습니다. 악어의 눈이 취하는 관점은 오래된 안목이자 어쩌면 인간 생명의 자질을 심판하고 그것의 부족함을 포착하는 평가와 비판의 눈입니다. 악어는 수많은 종이 흥망성쇠 해온 시간을 모두 포함하는 깊은 과거의 목소리입니다. 이 목소리는 우리가 들어야 하는 것이지만, 더 시끄러워지는 파티 음악과 소란스러운 자축의 소리에 잠겨가고 있습니다. 무엇보다 사람들끼리 싸우는 소리 때문에 그 목소리가 가려지고 있습니다.

또한 악어의 눈은 우리에게 생태학적 관점에서 우리 자신을 볼 수 있도록 돕는 관점을 제공합니다. 이 눈은 우리 자신을 다른 종으로부터 분리하고 특별하게 보는 관점을 방해하면서, 철저히 진화적·민주적 관점에서 우리를 이론화하도록 돕습니다. 우리는 훨씬 더 생태학적으로 민주적 입장을 택함으로써 환경 위기에 합리적으로 대응할 필요가 있습니다. 이러한 관점에서 우리는 비인간을 향한 배타적 입장을 유지하지 않고도 동료 인간을 사랑할 수 있습니다. 여태껏 우리는 자신을 우주의 주인으로 여겨 왔습니다. 신학의 시대에는 우리 자신을 신의 관심을 받는 유일한 존재로서 구분했다면, 현대에 와서는 우리의 위치를 진화론적 결실의 정점으로 해석합니다.

한 세계에서 다른 세계로 이동하는 일은 도약을 수반합니다. 이는 우리가 뒤에 남겨두어야 하는 생각의 틀이 완전히 별개의 것이기 때문은 아닙니다. 오히려 그것들은 상당부분 겹칠 수 있습니다. 그보다는 특정 핵심 개념에 대한 해석이 큰 변화를 맞이하여 이론이 이제 호환될 수 없기 때문입니다. 이때 죽음은 먹이, 그리고 인간으로 존재하기처럼 변화와 변화에 대한 저항의 근원을 품은 핵심 개념 중 하나입니다. 죽음과 죽음 이후에 대한 서사는 생태적 정체성과 지구 공동체의 구성원 개념에 중요한 단서를 제공합니다.

그 섬광의 순간 제 의식이 자신의 확실하고도 쓰라린 최후를 깨달아야만 했을 때, 저는 처음으로 모든 문장이 '나'로 시작할 수 있는 자아 서술의 바깥에서, 그 '바깥으로부터의' 세계를 흘끗 보았습니다. 그 이야기는 사실 데버라 버드 로즈가 '반서술성denarrativisation'이라고 일컫는 과정을 수반합니다. 서구 문화는 이 세계가 자기 이야기를 가지고 있다고 여기기를 멈추고 세계를 이야기 없는 대상으로 바라보기 시작했습니다. 오래된 이야기란 이제 인간 주체만을 배타적 중심으로 삼는 이야기가 아닐지라도 여전히 계속된다는 사실을 이제 저는 압니다.

유머는 '바깥' 이야기를 유지하는 한 가지 방법입니다. 파괴적이며 근본적으로 겸손한 잠재력을 지닌 악어 눈의 관점은 인간성의 허위를 조롱하는 몇몇 멋진 악어 만화의 기초가 되었습니다. 게리 라슨Gary Larsen의 한 만화는 크고 뚱뚱한 녹색 악어 두 마리가 둑에 누워 자신의 배를 흡족하게 비비고 있는 동안 아래 개울에는 부서진 빨간 카누와 노, 차양모자가 떠 있는 장면을 보여줍니다. 한 악어는 다른 악어에게 "정말 멋졌어! 머리카락도 없고, 발굽도 업고, 가죽도 없고, 그저 하얗고 부드럽고 즙이 많았어!"라고 말합니다. 또다른 그림은 반바지와 열대 장비를 착용한 두 관광객이 숨은악어 두 마리의 곁을 지나치는 모습을 보여줍니다. 한 악어는 다른 악어에게 "저들은 역겹게 보이지만, 그래도 네게 아주 맛 좋을 거야."라고 말합니다.

저는 항상 라슨의 만화가 제게 힘차게 말을 건다고 느꼈습니다. 첫 번째 이유는 제가 빨간 카누를 탔기 때문이고, 두 번째 이유는 악어의 영역에 잘못 들어선 인간을 잡아먹고야 마는 악어의 권리를 저 스스로 옹호하고 싶다는 강력한 느낌을 감지했기 때문입니다. 셋째로는 저는 악어의 관점이 얼마나 겸손한 것인지 알아보았고, 그 관점이야말로 지금 우리에게 필요한 것이라고 인정했기 때문입니다. 악어는 인간과 떨어져 있으면서 인간의 가치를 깎아내리는 무자비한 심판을 내립니다. 악어는 인간에 대한 비판적 관점을 제공하는 자로, 우리를 본래의 크기에 맞게 재단하고 우리가 먹이사슬

위에 있는 우월한 종이라는 겉치레를 도려내며, 우리를 그저 다른 동물처럼 특정 종류의 먹이로, 그저 겉치레를 지닌 먹이로 판단합니다. 그러나 이처럼 중요한 관점이나 발화하는 입장은 갈수록 문화적 표현을 거부 당하고 아주 드물게나마 광신적 재현으로만 남게 됩니다.

우리 자신을 먹이로서 이해하는 것은 공포의 주제이자 유머의 주제입니다. 공포 영화와 무서운 이야기는 다른 생명 형태의 먹이가 되는 것에 대한 이 뿌리 깊은 두려움을 반영합니다. 공포는 벌레가 들끓는 시체, 피를 빨아들이는 뱀파이어와 영화 〈에일리언 1Alien 1〉(1979)과 〈에일리언 2Alien 2〉(1986)에서처럼 사람을 잡아먹으려 하는 공상 과학 괴물인 것이지요. 일반적으로 다른 종이 살아 있거나 죽은 인간을 잡아먹는 이야기에 공포와 분노가 반응하고, 우리가 거머리와 모래파리와 모기에게 갉아 먹힐 때 다양한 층위의 히스테리가 나타납니다.

하지만 인간은 먹이입니다. 인간은 상어와 사자와 호랑이와 곰과 악어의 먹이입니다. 인간은 까마귀와 뱀과 독수리와 돼지와 쥐와 큰도마뱀의 먹이이고, 수없이 많은 작은 생명체와 미생물의 먹이입니다. 생태동물주의는 이 점을 인정하고 먹이 그물 내에서 인간과 동물의 상호성과 평등, 호혜를 강조하는 원칙을 확언할 것입니다.

　모든 살아 있는 생명체는 먹이이고 동시에 먹이 그 이상입니다. 우리는 인간의 멋진 삶에서 우리 음식의 재료가 되는 이들과의 친족 관계를 인정하는 방식으로 먹이를 얻어야 합니다. 이 방식은 우리가 각각 먹이 그 이상이라는 점을 망각하지 않으면서, 우리 자신을 다른 존재의 먹이로서 호혜적으로 위치시킵니다. 우리 자신을 생태학적 측면에서 다시 개념화하는 일에는 여러 측면이 있지만, 가장 근본적인 것 중 하나는 우리 자신을 생태계의 다른 구성 요소와 같은 방식으로 유용성 측면에서 생각하기 시작한다는 점입니다. 그 가장 기본 방식 중 하나는 우리 자신을 겸손하게도 다른 존재의 먹이로 여기기 시작하는 것입니다.

　이제 먹이에 대한 우리의 개념을 급진적으로 수정해봅시다. 인간은 다른 존재와 구별되고 먹이가 되기에는 너무 우수하다고 믿는 지배적 문화의 신념에 반대하여 우리 자신이 다른 존재의 먹이가 되고 또 그렇다고 생각하는 것은 우리를 생태학적 관점에서 다시 그려보고 다른 동물과의 연대를 확인할 수 있는 가장 기본 방법입니다. 우리는 다른 존재를 위해 만들어졌기 때문입니다. 이때 그러한 상호적 쓰임이란 우리가 그들을 정복하고 파괴했던 것처럼 우리 역시 그들에게 정복 당하고 파괴되기 위해 존재한다는 것을 의미하지는 않습니다. 그야말로 우리의 장소를 평등주의적 관점에서 다시 그려보고자 하는 것입니다.

　인간이 먹이가 되는 것에 대한 제 불신은 인간은 다른 존재로부터 떨어져 있고, 다른 존재를 먹지만, 정작 우리 자신은 결코 잡아먹힐 수 없다고 믿으며 만약 그렇지 않다면 엄청나게 잘못된 일이라고 생각하는, 즉 인간 정체성에 대한 지배 이야기에 관한 것이었습니다. 자연으로부터 과도하게 분리된 인간의 이야기인 것이지요. 이것은 우리 문화가 죽음의 문제에 접근하는 방식과 연관된 아주 오래되고 매우 강력한 이야기입니다.

　우리 자신이 다른 존재를 위한 먹이라는 점을 부인하고자 하는 노력은 우리의 죽음 관습과 매장 관습 곳곳에 반영되어 있습니다. 튼튼한 관은 흙에서 서식하는 동물의 활동 범위보다 훨씬 아래에 묻히고, 무덤 위 석판은 그 무엇도 우리 몸을 파헤치지 않도록 보호합니다. 서구인의 몸이 (적어도 〔매장할 만큼〕 충분히 부유한 사람의 몸이라면) 다른 종의 먹이가 되지 않도록 막는 것이지요. 존엄성은 우리 자신을 빈틈없이 지키고, 우리 자신을 다른 존재와 분리시키며, 우리를 먹힐 수 있는 존재로 개념화하는 것을 거부하고, 심지어 우리를 키운 벌레와 땅에게조차 무언가를 되돌려주길 거부하는 것으로 해석됩니다.

죽음에 이르면 일반적으로 인간의 본질은 우리를 키워 낸 지구적 타자들earth others에게 돌아가 그들을 보살피기보다는 육체가 없는 비세속적 영역으로 향한다고 여겨집니다. 이러한 인간 정체성 개념은 인간을 먹이 그물의 외부와 상위에 둡니다. 인간은 호혜성의 사슬에서 잔치의 일부가 아니라 그 사슬과 분리된, 외부의 조작자이자 주인으로 위치합니다. 죽음은 생명의 공동체를 키워내고 공유하는 장소가 아니라 분리와 지배와 개인적 구원을 위한 자리가 됩니다. 다른 동물의 먹이가 된다는 것은 인간의 지배에 대한 우리의 이미지를 뒤흔듭니다. 우리는 다른 존재의 포식자로서 그들로부터 취하기만 하고 내어주지는 않습니다. 그들은 결코 우리를 잡아먹을 수 없으며, 우리 또한 우리를 먹히는 자의 관점에서 인식할 수 없습니다. 우리는 인간을 정상에 세운 합리적 능력주의의 질서에 의해 합당하게 부여된 인간의 권리로 지구적 타자를 사용하고, 그에 대한 서구 전통의 견해를 따라 그 일방적 배치를 정당화합니다. 카니발리즘을 제쳐둔다면 인간은 인간뿐 아니라 그 어떤 종에 의해서든 먹힐 수 있는 존재로 개념화될 수조차 없습니다.

저는 생태학적으로 인간을 급진적 평등과 상호적 양육과 지원을 누리는 더 큰 지구 공동체의 구성원으로 다시 상상하는 데 있어 우리가 손을 놓은 먹이/죽음에 대한 상상을 중요한 열쇠로 제안합니다. 우리가 이러한 관점을 상실한 것은 지식과 우리 자신, 세계에 있어 겸손하지만, 아주 중요한 사유 방식을 상실했음을 의미합니다. 우리는 지구 공동체의 맥락에서 위안과 연속성, 의미와 희망을 찾는 법을 배울 수 있습니다. 지구 공동체의 맥락이라는 이 중요한 장소에서 우리는 종종 지구에 적응하려는 우리의 노력을 좌절시키는 위계적이며 예외적인 문화적 틀을 대체하기 위해 노력할 수 있습니다. 여기에는 그저 막연하고 애매한 통합의 개념이 아닌, 우리 자신을 억제하고 겸손하게 만드는 구체적 실천으로 우리 자신을 다시 상상하는 과정이 포함됩니다.

근대의 자유주의적 개인주의는 우리가 우리의 생명과 몸을 소유한다고 가르칩니다. 우리 생명과 몸은 우리가 정치적으로 운영하는 기업이자 다양한 방식으로 이야기를 구성하고 쓰며, 연기하고 읽어내는 한 편의 극입니다. 우리는 초개인적 존재로서 그 누구에게도 빚진 것이 없습니다. 어머니에게도 빚지지 않았지요. 그리하여 우리는 저 막연한 지구 공동체로부터 우리 자신을 동떨어지게 만듭니다. 종과 개체 차원에서 모두 예외적인 인간은 다른 동물과 같은 방식으로 먹이사슬 내에 위치할 수 없습니다. 인간을 잡아먹는 포식은 이례적이고 괴물 같은 것으로 치명적 보복의 대상이 됩니다.

서구가 죽음을 다루는 방식에는 문제가 있습니다. 서구는 본질적 자아란 육신을 떠난 영혼이라고 바라보고, 잘못된 선택지를 제시합니다. 그 선택지 중 하나는 정신 영역에서의 연속성과 영원성이고, 다른 하나는 죽음이란 물질적이고 체현된 자아의 이야기가 끝맺음하는 곳이라고 보는 환원적 유물론의 개념이지요. 죽음에 대한 딜레마의 양극은 끔찍한 대가를 치릅니다. 전자의 경우 지구로부터 소외되고, 후자의 경우 자아에 대한 서술적 연속성과 의미를 상실합니다.

자아와 죽음에 대한 원주민의 애니미즘 개념은 이 치명적으로 잘못된 선택을 깨고, 지구와 함께, 그리고 지구를 통해서 반응하는 생태적 소통 형태를 제안합니다. 생명을 순환이자 선조 공동체가 전하는 선물로 이해함으로써 우리는 죽음을 재생하는 것으로, 곧 생명의 기원을 이루는 선조 공동체와 생태 공동체로 흘러들어가는 것으로 바라볼 수 있습니다. 서구가 죽음에 맞서 생명 전쟁을 일으킨 전쟁터는 영혼과 동일시되는 사후세계이자 환원되고 의료화된 물질적 생명입니다. 반면 원주민의 상상력은 어느 정도는 서사를 통해 또 어느 정도는 죽음이 생명을 키워내는 (극히 서사화된) 땅으로 들어가는 일이기 때문에 죽음을 생명의 일부로 바라봅니다. 생명에 대한 이런 시각은 땅을 생명을 키워내는 영토로 상상하게 만들고, 죽음이란 특이 이 땅의 지형과 생명과 영양을 공급하는 생태적 타자와 물질적 연속/재결합을 이루는 것이라고 상상하게 합니다. 특히 이 땅의 지형과 삶에 그러한 전망을 제시합니다.

제 경험을 돌이켜보면서 다른 질문들이 떠올랐습니다. 저는 왜 그런 위험한 일을 하면서 그 위험을 인식하지 못했을까요? 저는 왜 이전에는 그런 위험의 주체가 될 수 있다고 스스로 알아차리지 못했을까요? 이 질문에 답하는 한 가지 방법은 특정 문화에 대한 제 배경, 즉 제가 방문했던 땅, 그리고 고향 땅과의 관계에 있습니다. 다시 말해 저와 장소의 관계이지요. 저는 제 것이 아닌 장소에 있었고, 그곳은 저 자신의 장소와는 매우 달랐습니다. 장소에서 중요한 것은 우리를 평가하는 몸집 큰 포식자에 대한 감각입니다.

유럽과 북미에는 늑대와 곰이 있고 그중 일부는 인간에게 심각한 위험이 될 수 있습니다. 남미와 아프리카에는 그 서식지에서 혼자 이동하고 야영을 하거나 모험을 즐기는 일을 위험하고 무모한 행동으로 만드는 종들이 많습니다.

호주 남부의 덤불에서 자란 저와 같은 사람들은 인간을 잡아먹는 포악한 포식자가 없는 훨씬 더 유순한 환경에서도 위험을 인식합니다. 물론 호주 남동부의 수풀 지대에 위험이 없다는 것은 아닙니다. 제가 거주하는 숲에는 위험한 거미가 정말 많습니다. 세계에서 가장 치명적 맹독을 품은 몇몇 독사를 포함하여 뱀도 흔히 마주칩니다. 하지만 가장 중요하고 또 미묘한 위험은 바로 불입니다.

작년 12월 초에 현재 머무는 집으로 돌아왔을 때, 숲은 무섭도록 건조했고 집 주변 세 군데에서 산불이 났습니다. 공기는 연기로 가득 차 있었습니다. 며칠 후 우리는 해안에서 일어난 자연의 멋진 개입을 마주합니다. 바로 쿨 체인지 the Cool Change[5]입니다! 우리는 여름 몇 개월 이 해안 지역에 걸쳐 일어나는 힘찬 줄다리기, 즉 남쪽 바다에서 부는 시원하고 습한 해양의 바람과 대륙의 그을린 심장부에서 부는 뜨겁

---

5 〔옮긴이 주〕 호주의 여름은 낮에 최고 기온을 기록한 이후 한랭전선의 영향으로 늦은 오후나 이른 저녁에 갑자기 기온이 떨어지기도 한다. 이러한 기후 현상을 쿨 체인지라고 부른다.

고 건조하며 불을 품은 불용 사이의 대결을 경험합니다. (물론 이 둘을 좋고 나쁜 것으로 단정하는 것은 지나친 단순화입니다. 각각은 긍정적 면과 부정적 면을 가지고 있습니다.) 대부분의 계절에는 촉촉한 바다 여신이 승리할 것으로 예상되지만, 이처럼 가문 시기에는 그 균형이 훨씬 위태롭습니다. 매주 다음과 같은 질문이 제기되지요. 올해도 버텨낼 수 있을까요? 은빛 여신은 이곳에 제시간에 도착하여 불용을 몰아낼 수 있을까요? 우리는 살아남을 수 있을까요?

남쪽의 변화는 정말 멋집니다. 시원하고 물기를 머금은 구름이 바다에서 숲을 스쳐 들어오면서, 물이 제 집의 빗물 탱크로 꾸준히 흘러들어 갑니다. 저는 스웨터를 개고, 금조[6]는 다시 노래를 부르고 풀은 초록빛을 뽐냅니다. 주변의 불은 모두 꺼진 듯합니다. 빗방울이 떨어지는 숲의 기운은 참 좋지만, 비가 좀 더 내릴 때까지는 아직 끝나지 않았다는 것을 알고 있습니다. 잔열과 건조한 바람은 일주일에서 이 주일 사이에 다시 이 지역을 화약통으로 바꿔놓을 수 있습니다. 그러니 당신은 당신이 사랑하는 덤불을 바라보고 그 덤불이 연기를 내뿜으며 검게 그을려 폐허가 된 모습을 상상하며 어떻게든 그 모습을 받아들일 수 있어야 합니다. 저는 집이 불에 대비할 수 있도록 노력하지만, 제가 일, 이 주 전에 보인 긴박하고 필연적인 노력을 지금의 서늘하고 습한 공기의 흐름을 맞으며 지속하기는 어려울 것 같다는 생각이 듭니다. 운이 좋다면 그 악마와의 만남이 다시 한번 연기될 수 있다는 작은 희망을 품어보지만 언제가 그 불타는 괴물을 직접 만나야 한다는 점은 잘 알고 있습니다.

은빛 여신이 다시 한번 승리를 거두었고, 숲의 습기가 매우 좋아졌으며 불의 원소가 물러갔다는 소식을 지금 1월 중순에 전하게 되어 기쁩니다. 그러나 오직 이 순간에만, 그리고 오직 이 해안가 산악 우림의 미기후에 한해서만 그러합니다. 조금 더 서쪽은 여전히 아주 건조합니다.

이곳과는 매우 다르고 훨씬 더 위험한 환경인 카카두 지역은 이처럼 건조하지는 않습니다. 호주 남부의 안전한 삶은 세계로부터 저를 보호해주었고, 저는 이 세계의 고통을 카카두에서 맛보았습니다. 이곳은 먹이가 되는 동물의 운명이 인간 종에게까지 확장되는 곳입니다.[7]

---

6 〔옮긴이 주〕 호주 남부에 서식하는 참새목 부류의 새다. 주변 소리를 듣고 따라 하는 특성으로 거문고새라고도 불린다.

7 〔원서 편집자 주〕 1장은 저널 *Terra Nova*에 수록된 논문 'Being Prey'를 수정한 것이다. 이 글은 악어 공격에 대한 생생하고 상세한 설명과 함께 발의 회복, 그리고 악어와의 만남에 대한 그의 생각을 담고 있다.

2장   스톤컨트리의 걷기

웅덩이 물로 야영용 주전자를 채우자 바위로 구획된 깊고 깨끗한 웅덩이의 청록색 물 위로 잔물결이 퍼져나갑니다. 웅덩이에 고인 잔잔한 물은 제가 주전자에 물을 긷기 위해 물의 반사를 깨트리기 전까지 숨 막힐 정도로 아름다운 총천연색의 패턴을 담아냈습니다. 판다누스[1]와 움빌릭[2]의 초록빛, 이른 건기 구름 없이 맑은 하늘의 푸른빛, 웅덩이 건너편 가장자리에 위치한 바위 표면의 쨍한 주황빛이 물에 비쳤습니다. 혹여 이 개울이 우기에 범람하여 풍파 흔적이라곤 찾아볼 수 없는 안헴랜드 급경사면의 표면을 드러나게 한 적이 있는지 궁금해하면서 다시 한번 저 선명한 바위 표면을 바라보았습니다. 웅덩이의 윗부분은 광택이 나는 암반으로 된 선반형 지층으로 마치 아늑한 무대처럼 작은 단을 이루고 있습니다. 주황색 바위 면이 지탱하고 있는 이 연단은 북서쪽을 향해서 그리스 극장의 좌석처럼 층층이 올라가는 풍화된 바위 선반과 마주하고 있습니다. 이곳은 사람들이 소소하게 춤을 추고 연극을 하기에 완벽한 장소로 보입니다. 하지만

---

1 〔옮긴이 주〕아열대 지역에서 자생하는 야자수 계열의 일종이다.
2 〔옮긴이 주〕유칼립투스 그룹에 속한 열대우림종 중 하나다. 플럼우드는 'umbilik'이라고 적었지만, 'anbinik' 또는 'allosyncarpia'로도 불린다.

현재 이곳을 차지한 자는 성인 크기의 와틀[3]과 어린 유칼립투스로 구성된 작은 무리입니다.

연단의 가장 낮은 부분은 멜로디를 만들며 웅덩이에 물을 떨어트리는 작은 폭포 반대쪽에 있고, 연단에는 물왕도마뱀 두 마리가 앉아 있습니다. 멋진 이름이 붙은 이 커다란 사냥 도마뱀들은 항상 맛있는 먹이를 찾아다니면서 웅덩이를 통과하는 수중 생명체들의 행렬을 유심히 살핍니다. 그중 한 마리는 종종 다이빙을 하고 곧 다시 웅덩이의 가장자리로 돌아와 먹이를 씹으며 살아 있는 잔치를 즐깁니다. 웅덩이 아래쪽, 수분을 머금은 모래 가장자리에는 작고 연약한 통발속이 사랑스럽게 모여 있습니다. 마치 간절한 마음으로 사교계에 처음 나선 여성처럼 이 창백한 살구꽃은 붉은 반점이 있는 하얀 앞치마로 성적 부위를 수줍게 덮고 있습니다. 아주 드물게 앞치마의 안팎이 바뀐 것처럼 붉은 잎에 흰색 반점을 가지기도 합니다. 하지만 이 순박한 외모는 속임수입니다. 우아하고 수줍은 미녀들은 사실 이 열대 하천에 풍부한 곤충을 유혹하고 잡아먹는 육식 식물이기 때문입니다. 이 환경에서 포식과 먹이는 꽤나 큰 부분을 차지하는 것처럼 보입니다. 심지어 식물조차 포식을 하니까요. 남쪽에서는 난초가 수분受粉을 위해 자신의 은밀한 부위 사이로 곤충을 꾀

어냅니다. 그리고 이곳 북쪽에서는 난초에 맞먹는 통발이 자신의 꽃잎 아래로 곤충을 유인하고 먹어치웁니다.

호주 북쪽 지역인 비닛지 컨트리Binitj country에서, 특히 무거운 짐을 멘 채 이른 건기인 예그Yegge[4]의 한낮 더위를 뚫으며 한참을 걸은 후에는 이 훌륭한 웅덩이보다 더 순결하고 매력적인 것을 상상하기 어렵습니다. 하지만 웅덩이의 순결함도 속임수일까요? 돌출된 경사지와 그늘진 동굴의 뿌리에는 무엇이 숨어 있을까요? 물속에서 솟아오르는 악어의 악덕한 턱이 날카롭게 움켜쥐는 모습을 떠올리면서 저는 긴장하고 또 조심하면서 잠시 그곳에 앉습니다. 안정을 되찾으려 노력해봅니다. 지금 저는 스톤컨트리에 있고, 이곳에서 만날 수 있는 것이라곤 기껏해야 인간에게 좀처럼 심각한 부상을 가하지 않는 작은 생물종 민물 악어라고 되뇌어봅니다. 이곳에서는 무시무시한 바다악어, 범람원과 해안 수로의 공포, 아마도 지구상에서 인간에게 가장 위험할 포식자들을 결

3　〔옮긴이 주〕 아카시아과 나무로 피크난타아카시아(pycnantha acacia)라고도 불린다. 금빛을 띠는 와틀은 호주 국화다.
4　〔옮긴이 주〕 호주의 이른 건기는 5월부터 6월 중순까지며, 이 시기를 예그라고 칭한다.

코 만나지 않을 것입니다. 그러나 여전히 의심이 제멋대로 침투합니다. 상업적 악어 사냥의 유린으로 멸종에 근접했던 바다악어가 이제 공식적 보호와 지구 온난화 시기에 맞춰 자신보다 체구가 작은 이웃들의 서식지로, 여기와 비슷한 서식지로 이동하며 활동 반경을 넓히고 있다는 경고를 받았으니까요. 지금 당장으로서는 수영을 할지 말지를 운에 맡기지 않으려 합니다.

웅덩이의 부름을 견뎌봅니다. 그저 잠시 앉아서 웅덩이의 푸른색 물 아래 모래의 가장 깊은 부분을 바라보는 것이 최선입니다. 이내 시간과 장소가 합쳐져 종을 가로지르는 연극에 관한 쓸데없는 추측을 부추깁니다. 어쩌면 넌지시 말하는 걸까요? 만약 제 주변에서 보는 자연의 순환이 웅덩이 주변 극장을 배경으로 삼는 극적 주제이고, 우리에게 익숙한 질서의 정반대라면 어떨까요? 거기서 펼쳐지는 드라마는 인간과 비인간 배우를 요구하지 않을까요? 줄거리는 정신과 물질 또는 자유와 정의 대 필연성과 카오스 사이에서 투쟁을 겪는 등장인물을 그려내지 않을까요? 잔인성에 대한 인식과 자연 작용에 대해 생각하는 순환적 방식 사이의 긴장을 어떻게 표현해낼 수 있을까요? 이 긴장은 동물해방론자들의 욕망과 생태학적 관점 사이에서 나타나는 대조와 거의 상응합니다. 주피터Jupiter와 주노Juno[5]처럼 아마도 불행한 결혼을 한 주재하는 신 사이의 갈등과도 같은 걸까요? 의식과 체현의 불행한 결합은 불가피한 일일까요? 통발과 도마뱀이 웅덩이 아래에서 극적 포식 투쟁을 벌인다면 연단의 상층부 중심은 누구를 위해서 또는 무엇을 위해 그 자리를 내어줄까요? 제가 연단 위 바위 사이에서 본 그림자, 악어의 크기와 형태에 딱 들어맞는 그 그림자는 무엇이었을까요? 물론 저는 종종 다른 사람들이 오래된 그루터기와 바위, 쓰러진 나무만을 보는 곳에서 이러한 무시무시한 형상을 발견한다는 점을 애써 떠올려야만 합니다.

마침내 저는 웅덩이에 내려갔습니다. 처음에는 조심스럽게, 그리고 걱정하며 수영하다가 잠시 후 긴장을 풀고 초록빛 물결이 스피니펙스[6]에 여기저기 찔린 제 팔다리를 달래주도록 몸을 맡겼습니다. 아직까지도 기억합니다. 1985년 2월 호주에서 떠난 첫 여정에서 약간의 두려움을 느끼며 바

---

5 〔옮긴이 주〕 로마 신화 속 여신이자 주피터의 아내로 여성의 결혼과 임신, 출산을 관장한다.

6 〔옮긴이 주〕 스피니펙스(spinifex)는 다년생 해안 식물로, 주로 사구에서 자란다.

로 이 개울의 조금 더 아래에 있는 모래투성이 범람원 지대를 건넜습니다. 저는 지금과 동일한 단층지괴의 서쪽 방향을 따라 걸어갔습니다. 그후 배를 타고 이스트엘리게이터강으로 향했습니다. 강에서 저를 잡아먹으려 한 바다악어로부터 가까스로 살아남았던 이 여정은 저뿐 아니라 다른 사람에게도 무척 중요한 여정이었습니다.

이 경험은 마치 우연히 제 것이 아닌 영화 〈쥬라기 공원 Jurassic Park〉(1993)의 무대 세트장 같은 불길하고 낯선 세계로 들어선 것처럼 엄청난 어리둥절함을 제게 떠안겼습니다. 그 사건들을 몇 년간 되새기고 포식에 관한 철학적 문제를 가르치고 글을 쓴 후 이제 비로소 저는 그 이상하고 무시무시한 세계를 제 것으로 인정할 준비가 되었다고 생각합니다. 그리고 이 여정이 저 자신의 생명만이 아니라 생명 자체를 위해, 먹는 자와 먹히는 자 모두의 관점에서 그곳에서 일어난 일의 의미를 이해하는 데 도움이 되기를 바랍니다.

스톤컨트리의 웅덩이가 당신을 초대합니다. 그 초대에 한번 굴복하면 웅덩이는 당신을 유혹하고 기쁨을 선사합니다. 믿기 어려운 자연의 아름다움과 다양성을 담은 담수 웅덩이는 지복에 몸을 담그라는, 이 세계에서 가장 뿌리치기 힘든 유혹을 건넵니다. 하지만 그 유혹은 동시에 가장 위험한 것이기도 합니다. 번성하는 악어 개체 수는 우리로 하여금 이 장소에서 생명을 순환시키고 바람과 하늘과 땅의 통합을 수행하는 무지갯빛 뱀 은갈료드의 힘을 다시 한번 떠올리게 합니다. 은갈료드의 순환은 이곳을 열대 몬순기후와 스톤컨트리 사이에서 주고받는 굉장한 대화로 만듭니다. 안헴랜드의 범람원 위에 솟아오른 거대하고 경사진 사암 지역이 바로 그 대화인 것이지요.

무지갯빛 뱀은 이 환경에서 물을 생명의 열쇠로 만들었습니다. 우리는 스톤컨트리의 만경에서, 수 평방마일에 달하는 광활하고 바위투성이인 이 보호 지역에 머무는 유일한 인간일 것입니다. 이곳에서는 뜨거운 스피니펙스와 바위와 열대우림에서 챙겨 다니던 정수기 없이도 안전하게 지낼 수 있습니다. 이곳의 물은 유혹적이고 맑으며 우리를 어루만지는 듯합니다. 온도도 상쾌합니다. 이곳의 웅덩이에서는 추위를 느끼지 않으면서 몇 시간이고 호사스럽게 느긋한 시간을 보낼 수 있습니다. 이 웅덩이가 제공하는 생명 형태의 끝없는 다양성, 그 대화적 만남과 흥분은 교외 수영장의 독백적이고 실용적이며 화학적으로 예측 가능한 모습과는 엄청난 차이를 보입니다. 교외 수영장은 건강하지 못한 인간의 아종이 시간에 쫓기면서 공허한 운동을 위해 기계적 신체를 구태여 움직이게끔 하는 목적으로만 사용됩니다. 무지갯빛 뱀이 말해주듯 이곳에서 물의 순환은 장엄하고 창의적입니다. 하지만 어디나 그렇듯이 이곳 또한 환경 파괴의 위협을 받고 있습니다.

　무지갯빛 뱀의 조수 격인 물왕도마뱀은 갈색의 파충류 피부와 노란 다이아몬드 눈을 가졌습니다. 얼굴은 수달과 비슷합니다. 물왕도마뱀은 제가 수영하는 모습을 묵묵히 지켜봅니다. 가끔 제가 너무 가까이 다가갈 때면 두 갈래로 갈라진 혀를 잽싸게 제 쪽으로 내밉니다. 제가 처음 도착했을 때, 저는 물왕도마뱀 한 마리를 아주 쉽게 잡을 수도 있었고, 저녁 식사를 위해 불 위에서 지글거리며 요리할 수도 있었습니다. 폭포 위의 전망 지점에 있다가 놀란 이 물왕도마뱀은 물에 들어가 쉽게 닿을 수 있는 돌개구멍으로 미끄러져 숨어버렸습니다. 하지만 뚱뚱한 다리 한 쪽과 꼬리 일부가 구멍 밖으로 여전히 튀어나와 손쉽게 잡을 수 있었지요. 그렇지만 아닙니다. 세계유산 카카두 지역에서 물왕도마뱀과 이곳에 있는 모든 것은 엄격하게 보호 받습니다. 어쨌든 저는 물왕도마뱀을 다른 방식으로 즐기고 싶습니다. 채식이 건강한 식습관인지에 대해서는 그리 확신할 수 없지만, 저는 채식주의자의 건조한 저녁 식사를 고수할 것입니다. 일부 현대 도시 지식인들과 달리 물왕도마뱀의 풍부함 육즙을 즐기는 식사의 가능성을 상상할 수는 있지만, 제가 택한 방식은 사냥하는 삶이 아닙니다. 물론 제가 그러한 삶을 일반적으로 비난하는 것은 아닙니다. 어떤 조건 아래에서는 사냥하는 삶이 오만함 없이 진실성과 정직함을 간직한 채 최상위 포식자에 위치하는 인간 상태를 표현할 수도 있습니다. 다른 존재를 먹는 일에 관한 윤리는 꽤나 복잡하고 상황에 따른 것이라고 생각합니다. 그러나 저를 채식주의자로 만든 것은 살flesh에 대한 금욕적 혐오라기보다는 포식에 대한 현대 자본주의의 해석이 경제적 가치를 생산하는 동물 범주에 가하는 끔찍한 상처 때문입니다. 설령 야생동물보호 규정이 저를 막지 못하더라도 저는 이제 동물을 죽이고 먹는 것을 자제하는 감수성을 키웠습니다. 이 감수성은 물왕도마뱀에게도 유보할 수 없는 것입니다. 그들은 적어도 저로부터 안전합니다.

　웅덩이에 도착했을 때, 웅덩이 표면은 물을 가로지르는 〔동식물〕뱃사공과 매서운 돌풍으로 잔물결을 이뤘습니다. 마치 이 도착에 영감을 받은 듯 와틀나무는 순간적으로 연극적 행동을 취합니다. 판다누스 잎이 만드는 물결 옆에서 꽃핀 금빛 테두리의 큰 와틀나무는 바스락거리며 노래를 부르는 듯합니다. 그녀가 웅덩이 수면 위로 떨어트린 오래된 와

틀 꽃잎은 웅덩이의 먼 구석에 모여서 연단을 마주 보는 황갈색 관중을 이룹니다. 구불구불한 가지를 지닌 어린 와틀 나무 세 그루가 환호를 받으며 중앙 무대에서 우아하게 춤을 춥니다. 전체 공연은 1분도 채 되지 않습니다. 행동은 저 너머 사암 위에서 다르게 받아들여집니다. 저는 물속에서 긴장을 풀면서저 멀리 떨어진 상처투성이의 단층지괴를 받아들입니다. 격하게 활동하는 열대기후가 10억 년에 걸쳐 단층지괴의 몸을 갉아먹었습니다. 여기 고대 사암 고원은 불가사의한 인공물을 떠올리게 하는 거대하고 환상적인 폐허로 풍화됩니다. 남쪽을 향해 치솟은 거대한 돔 모양의 붉은 절벽 꼭대기에는 이제 막 모양을 잡기 시작한 스핑크스 상과 완벽한 석관이 있습니다. 둘 모두 무려 전함의 크기에 달합니다.

하지만 곧이어 제 발과 다리를 간지럽히고 깨무는 느낌이 제 상처 입은 몸을 즉각적 상태로 돌아오게 합니다. 작은 물고기들이 제 피부를 살살 갉아먹으며 식사를 하고, 작지만 마냥 순하지는 않은 민물새우가 부지런히 제 엄지발가락에 난 털을 잡아당기고 있습니다. 아야! 건지예미Gundjiehmi 부족이 와기waagi라고 부르는 이 깡충거리는 갑각류 부족이 이제는 제 몸에 선명하게 할퀸 자국을 남기고 있습니다. 건지예미 부족은 이 부근에서 작은 나무창으로 와기를 사냥합니다. 와기는 살아 있는 고기를 기꺼이 먹어치웁니다. 다행히 와기가 너무 작아서 제 피부를 바로 뚫을 수는 없지만, 그들은 다른 방법을 알고 있습니다. 저는 그중 몸집이 큰 한 녀석이 제 손에 여린 부분을 만들고, 딱지 조각을 입으로 섬세하게 날라서 그 아래에 있는 살을 파먹기 시작하는 모습에 매료되어 그들을 지켜봅니다. 물에서 손을 들어 올리니 피가 흐르고 있습니다. 그렇지만 와기는 당신이 죽은 척할 만큼 어리석어야만 당신을 산 채로 잡아먹을 것입니다. 이제 다시 움직일 시간입니다.

웅덩이 아래 통발 부근에서 작은 수중 식물인 쿤박Kunbak을 보았습니다. 길게 갈라진 쿤박의 멋진 초록빛 잎은 야우크 야우크 자매Yawk Yawk sisters의 머리카락 같습니다. 야우크 야우크는 스톤컨트리의 넓은 지역에 물을 흘려보내는 이 작은 개울의 가장자리를 따라 천천히 유영하는 물에서 삽니다. 카카두 지역의 일부인 서부 안헴랜드의 쿤윙크주Kunwinkju 부족 이야기에 따르면 이 자매는 다리 대신 물고기 꼬리를 가진 작고 영적인 인어입니다. 자매는 둑 아래 구멍에 살고 판다누스가 자라는 곳에서 노래하고 놀면서 그 모습을 드러냅니다. 이들은 수영하는 여자들을 물밑에서 지켜보고 세심히 살피면서 그들의 어머니가 될 준비를 마친 자,

그리고 그들을 인간으로 태어나게 할 준비를 마친 자를 찾아다닙니다.

안헴랜드 원주민들은 그들 자신을 **비닛지**binitj라는 용어로, 정착민들을 **발란다**balanda라는 용어로 이릅니다. 야우크 야우크는 저 같은 발란다 여성을 자매처럼 맞이하고, 이 풍경을 함께 여행할 비닛지 동반자를 내어줍니다. 그리고 이 풍경은 서양인들로 하여금 우리가 인간과 비인간 세계 사이에 건설하고자 한 높은 장벽을 넘어서라고 유혹합니다. 우리는 분명하고 가까이 있는 인간 동반자와만 함께하는 것이 아닙니다. 눈에 보이지 않는 문화적 동반자와 여정을 함께합니다. 야우크 야우크 자매는 많은 사랑을 받은 발란다적 인물인 앨리스Alice[7]를 떠올리게 했습니다. 그녀는 여행자이자 형태를 바꾸는 자입니다. 제 유년 시절, 시드니 사암 풍경을 통과하는 여행을 풍요롭게 한 존재이기도 합니다. 저는 비닛지와 발란다 자매의 즐거운 동반에 참여하고자 합니다. 저도 형태를 바꾸는 존재가 되고 싶습니다. 저는 와틀이 되고 싶습니다.

비닛지 부족의 이름 짓기는 대부분 야우크 야우크의 이야기와 같은 서사를 불러일으킵니다. 이 놀라운 이야기들은 그 의미를 교묘하고도 거부할 수 없을 만큼 인상적으로 표현하며, 통상 생명과 이론이라는 반대 범주에 두는 두 영역을 풍부하고 만족스럽게 결합하도록 기능합니다. 하나는 영적 실천과 공동체 정체성이고, 다른 영역은 식물학적, 경험적, 실용적, 철학적 지식입니다. 비닛지의 이야기는 그들 땅에서 일어나는 여정을 서사로 포장하여 길을 떠나는 자가 땅과 대화를 주고받으며 여행하게 합니다. 말하는 땅은 이제 소통하는 파트너인 것입니다. 이와는 대조적으로 당신이 이 주변에서 마주치는 주요 발란다 문화의 이름 짓기는 땅에 대한 독백적 관계를 보여줍니다. '브로크만산'과 같은 이름 짓기는 이 특별한 장소 또는 이 장소가 지닌 힘과 행위성에 전혀 주목하지 않습니다. 고대 원주민이 머문 장소이자 암석 갤러리로 특징지어지는 이 놀라운 급경사면의 가치에 문외한인 유럽인들은 당혹스럽고 무의미하며 유럽 중심적 이름을 지으면서 그저 유럽인 '발견자'를 기념합니다. 그들은 식민지 귀족의 일원 한 명이 추락하여 사고가 일어났을 때에만

---

7 〔옮긴이 주〕영국 작가 루이스 캐럴의 아동문학 『이상한 나라의 앨리스』에 등장하는 소녀. 소녀는 흰 토끼를 따라가다가 토끼굴을 통해 원더랜드에 도착한다. 그곳을 탐험하는 동안 소녀의 몸은 커지고 작아지기를 반복한다.

이 장소를 눈여겨보는 것이지요. 그러한 독백의 이름 짓기는 그 장소를 정신과 의미가 없는 공백으로 여기고, 마치 식민지 관청이나 광산 회사의 자원 활동을 통해 그 빈 곳을 채워야만 하는 장소로 취급합니다. 이토록 뿌리 깊이 식민화된 이름 짓기 관행은 여전히 호주 지도를 너무 많이 훼손하고 있습니다. 더욱이 공화주의와 같은 공식적 탈식민화 운동도 이러한 이름 짓기 기저에 깔린 유럽중심주의와 식민 권력의 서사를 어떤 방식으로도 제재하지 않습니다. 호주인으로서 우리가 이 땅에 진정 문화적으로 속하고자 한다면, 그리고 이 땅의 고유성과 힘을 경청하고 존중하는 교류 방식을 발전시키고자 한다면 우리가 지금 취해야 하는 태도는 바로 그러한 문화적 실천입니다.

서쪽으로 기우는 태양이 마침내 웅덩이로부터 저를 이끌어냅니다. 저녁 식사를 준비하고 생태계의 세금 징수관인 모기의 열렬한 관심에 대비해야 할 시간입니다. 우리가 이 훌륭한 캠프장에 도착했을 때, 마치 모든 것이 쉬어 가는 것처럼 덥고 조용했습니다. 잔잔한 시냇물과 웅얼거리는 도마뱀을 제외하면 심지어 산조차도 고요했습니다. 이제 열이 식기 시작하면서 새로운 목소리들이 살아납니다. 이 풍경의 지구적 타자들이 시원한 휴식 공간에서 나와서 다가오는 저녁에 자신들이 머물 방식을 협상하고 알립니다. 수다스럽고 호전적인 사암 꿀빨이새가 인사하며 도전을 건네자 마치 그 소리의 열 배나 더 정교한 금관악기 여럿이 그에 대응하는 듯 대담한 두 번째 응답이 울려 퍼집니다. (아이들이 서로 놀리며 더 시끌벅적해지는 모습을 연상시키지요.) 무지개 빛깔과 멈추지 않는 에너지를 뿜내는 오색앵무 한 쌍이 노래를 지저귀며 장난스럽고 에로틱한 사냥 춤을 춥니다. 우리 현대인이 이 지역에서 만들어낸 고통스러운 분할과 대립을 생각하니 사냥하고 춤추고 노래하고 먹고 사랑하는 일이 매우 매끄럽게 어우러진 이들 존재의 완전함이 잠시 부러워집니다. (우리는 언제쯤 똑똑한 것이 항상 더 나은 것은 아니며, 더 정교하고 더 복잡한 것이 언제나 더 나은 것은 아니라는 점을 깨달을까요?) 회색 매가 근처 나무에 내려앉으니 오색앵무의 지저귐이 사라집니다. 마주 보는 절벽 꼭대기 위 거대한 주황빛 석관이 곧이어 석양을 따라잡습니다. 이제 석양은 석관 위에 홀로 기대어 석관을 핏빛의 짙은 붉은색으로 물들입니다.

~~~~~~~~~

저와 동행자 마크Mark는 웅덩이가 있는 캠프를 거점으로 삼고 다음날 개울을 따라 스톤컨트리의 메마른 내부를 향해 걷기 시작했습니다. 우리는 고요하고 숙연한 폐허의 웅장한 풍경을 통과하며 여행합니다. 파괴된 거대한 성벽의 복잡한 양식에는 꿈 같은 정경의 고양된 의미가 스며든 것처럼 보입니다. 대성당만 한 크기와 복잡한 양식을 선보이는 풍화된 돌탑들이 우리 앞 얕은 계곡의 북쪽 벽을 형성하고 있습니다. 거인의 게임에서 이 환상적 조각들은 바위투성이 세계의 바닥 곳곳에 아무렇게나 흩뿌려집니다. 개울에서 방향을 틀 때마다 기울어진 기둥들과 미친 듯 쌓인 더미들이나 그늘진 사원이 보입니다. 상상할 수도 없을 정도로 무한한 지구 서사의 다양성이 새로운 모습으로 드러납니다. 바로 풍화된 돌입니다. 각각 형성물은 그것이 속한 시간과 형성 방식에 맞춰 조우해야 하는 경이로움의 계시입니다. 가장 높은 자리에서 성급하게 모든 것을 꿰뚫어보는 눈이 미리 정해둔 도식에 순응하는 것과는 다릅니다. 진정 우리는 오래된 것들의 존재 앞에 있습니다.

이 부분에서 당신은 땅을 강력하고 의도적인 것, 궁극적으로는 우리 너머의 오래된 것 중 하나로, 즉 창조자적 존재로 파악하기 위해 자신을 너무 옥죌 필요는 없습니다. 오래된 것의 힘을 조직적으로 부정하는 우리 같은 발란다에게 우리 이전의 과정이 지닌 힘을 경험하는 일은 우리가 으스스한 것들에서 느끼는 것과 거의 비슷한 종류의 두려움을 불러일으킬 수 있습니다. 어떤 신비주의자들은 영혼 사진술이 보이지 않는 것, 다시 말해 인간의 즉각적 응시로는 나타나지 않는 신비로운 형태와 형상을 드러내는 힘을 지닌다고 믿습니다. 뜻밖에도 그 장소를 찍은 제 스냅사진 중 하나는 거대하고 하얀 외계인 형상처럼 보이는 존재를 보여줍니다. 그 형상은 폐허가 된 이상한 도시처럼 보이는 것 앞에 서서 한쪽 팔을 뻗고 있습니다. 주변 풍경은 당신이 감지할 수 있는 것보다 훨씬 더 큰 무언가와 접촉하는 듯한 힘의 감각을 환기합니다. (제가 빛의 속임수라고 여기고 싶지 않은) 이 신비로운 형상은 결코 때와 장소를 벗어난 것 같지 않습니다.

그러나 그러한 경험이 불러일으키는 계시의 성격은 철저히 역설적입니다. 오래된 것의 힘을 보여주는 계시는 발란다 체계가 우리에게 보이지 않게 만들고자 하는 것, 순전히 우리에게 익숙하고 그리 중요하지 않은 배경으로 간주하는 것의 비범한 특성을 드러내기 때문입니다. 바로 지질학적 시간의 경과입니다. 이 점은 우리의 사방을 둘러싼 침식된 회색빛과 붉은빛 암석 지대에서 더욱 묵직하고 강력하게 전달됩니다. 그들은 우리로 하여금 우리의 어려운 지식에 한계가 있다는 점을 분명히 직시하도록 만듭니다. 우리는 우리 주변에서 보이는 복잡하게 얽힌 형상의 출현을 설명하는, 복잡하게 얽힌 서사를 잘 알지 못합니다. 우리 인간 관찰자들이 우리가 관찰하는 복잡성에 호응하는 전체 이야기를 결코 알지 못하기 때문입니다. 우리는 오직 전체 이야기의 넓은 윤곽 중 일부만 구별할 수 있습니다. 다시 말해 이 모든 것은 18억 년에 걸친 조수로 풍경을 조각해온 바다와 비와 바람의 선조 과정을 통해 진화했다는 점만 알 수 있습니다. 우리는 체면치레를 위해 우리가 알 수 없거나 통제할 수 없는 모든 복잡성을 괄시하면서 우연성과 우연 또는 형태가 없는 카오스의 지시 아래에 있는 나머지를 손쉽게 묵살합니다.

개울을 따라 스톤컨트리의 높은 곳으로 올라갈수록 날씨가 더 더워집니다. 그늘진 협곡과 웅덩이, 알로싱카피아(움빌릭)가 이룬 열대우림 수풀을 뒤로하고 떠날 때, 예그의 열기가 더 가혹한 지역에서 피어오르는 열기에 더해지는 것이 보입니다. 암석 지대는 초목이 개울 가장자리에 있거나 먼 지대의 측면에 붙어 있는 곳에서 확장됩니다. 전에는 주로 더 높고 건조한 부분에 자리 잡던 와틀은 이제 강 가장자리로 이동했고 드문드문한 스피니펙스는 개울에서 멀리 떨어진 험난한 지대를 차지합니다. 이 풍경에서 움직이는 생명 대부분은 노출된 절벽 암반 사이로 졸졸 흐르는 개울물의 흐름에 의지합니다. 머지않아 개울은 암석의 깊은 틈 사이로 흘러 지하로 사라지고, 시원한 상태를 유지하고 싶은 우리는 셔츠와 모자를 적시려고 개울물을 다시 끌어 올립니다. 이곳에서 더위의 압박 아래 있는 자는 우리만이 아닙니다. 짙은 분홍색 꽃과 아름답고 두꺼운 회색 잎을 지닌 목화속 말로우는 한낮의 무더위 동안에는 자신의 보물을 단단히 접어서 지키고, 서늘한 늦은 오후에만 생식 사업을 위해 몸을 열어젖힙니다. 지도를 따라가는 것은 어렵습니다. 폐허가 된 지대의 정보는 너무나 혼란스럽고 이 수수께끼 같은 지역은 너무나 방대합니다. 우리는 초목처럼 위태롭게 개울에 달라붙어서 원주민 유적지의 끌어당김에 우리를 맡겨봅니다. 이곳에 합법적으로 방문할 수 있는 유적지 갤러리들이 있다고 들었지만, 그곳들이 어디에 있는지에 대해서는 막연한 지시만을 얻었습니다.

　발란다 보행자들이 이 풍경에 침입해 들어오는 것에 대한 논쟁이 있었고, 카카두 지역에서 관목 지대를 걷는 발란다 보행자들을 막아야 한다는 이야기도 있었습니다. 전통적 소유자들이 결코 모두 그러한 관점을 취한 것은 아니지만, 어쨌든 그렇습니다. 이미 보행자들의 걷기는 유난히 엄격하게 통제되고 있으며, 모든 경로와 캠핑장은 공원 관리소에서 점검 받아야 합니다. 그러나 일부에서는 발란다 보행자들이 무례하며, 이 지역에서 여태 가장 알려져 있지 않은 것이 무엇인지 찾으려 한다고 우려합니다. 어쩌면 모든 사람의 눈에, 이제 비닛지 사람들은 발란다 보행자들 때문에 그 장소들에 거의 가지 않게 될 정도에 이르렀다고 비칠 수 있습니다.

　물론 많은 종류의 걷기가 있습니다. 오직 운동만을 위한 걷기, 자신 너머의 다른 존재를 만나거나 알기 위한 목적이 없는 독백적 종류의 걷기가 있습니다. (이런 경우, 피할 수 없는 지루함에 대처하기 위해 흔히 머리에 워크맨 라디오를 장착합니다.) 도구적 걷기도 있습니다. 이 유형의 걷기에서 당신은 진짜 목적지로 가는 도중에 들르는 장소에는 관심이 없고 그곳을 그저 빠르게 스쳐 지나갑니다. 그리고 당신이 원하는 목표에 도달하기 위해 '길을 따라가다' 중간에 마주치는 장소로서만 타자를 경험합니다. 여가적 걷기 유형은 유명하고 '꼭 봐야 하는' 광경을 시각적으로 소비하거나 지구력 테스트를 동반하거나 도달하기 어려운 장소를 정복하여 기록한 목록 수집을 포함합니다. 성취 지향적인 이 두 가지 유형은 지정된 목표에만 주의를 기울이고 당신이 길을 걷는 도중에 만나는 장소들은 도구화하고 종속하거나 차단합니다. 그리고 그 장소들에 마땅한 예를 지키지도 않습니다. 이런 유형의 마음을 이 장소들에 가져오는 것은 매우 무례한 행동입니다.

다른 극단에는 헨리 데이비드 소로Henry David Thoreau가 '성스러운 땅으로 가기'라고 부른 종류의 걷기가 있습니다. 이 걷기는 대지의 신성함을 만나고 아는 것을 지향하는, 그리고 여정 자체가 토해내는 모든 것을 소중하게 여기고자 하는 대화적이고 영적인 실천입니다. 길을 가다 마주치는 모든 장소를 경이롭게 여기고, 그 자체로 완벽하며 놀랍고 교훈적인 것으로 느끼는 여정이 이러한 걷기에 포함될 수 있습니다. (소로의 용어에 따르면 배회하거나 '어슬렁거리는' 것이지요.) 실제로는 대부분의 걷기에 아마 이 모든 것이 다소 상충하며 섞여 있을 겁니다. 소로의 자유로운 '영적 걷기'의 실천은 그가 인식했던 것 이상으로 그가 살았던 시간과 장소에 따라 제한되었습니다. 그러나 그가 묘사한 강렬하고 열린 경험은 인류의 생존이 이 땅에 대한 우리 지식의 우수함에 달려 있던, 그리 오래되지 않은 시대에 진화적 가치를 가졌는지도 모릅니다.

우리는 땅을 거닐며 그 땅을 인식하는 신경 능력을 진화적으로 물려받도록 프로그래밍되었는지도 모릅니다. 그래서 당신이 발로 걸어 다닌 풍경은 매우 오랫동안 생생하게 기억될 수 있고, 때때로 수십 년간 당신의 꿈속에서 살 수 있는 것입니다. 성스러운 황무지를 순수 자연으로 여기고 '인간의 간섭'은 필연적으로 땅을 깎아내린다고 보는 소로 후계자들의 생각은 웅장한 암석 갤러리의 존재가 가늠할 수 없는 풍요로움과 힘과 매력을 더하는 이 나라에서 그다지 설득력이 없습니다. 암석 갤러리는 2만 년이 넘는 기간에 이 나라에 인간이 거주했다는 증거입니다. 비록 이 지점에서 황무지 개념의 적용 가능성에 대해 의구심을 가질 수는 있지만, 황무지 운동은 더 과도하게 합리화되어 독백으로 치닫는 세계에서 큰 가치를 지닌 몇몇 대화적 접근법을 조성하는 데 도움을 주었습니다. 그중 하나는 배회하는 교차로의 정신입니다. 이러한 정신은 계획되지 않은 것과 의도하지 않은 것을 세계와 나누는 대화적 교류에 기여하는 것으로 여기고, 지혜와 계시의 원천으로 소중히 여기며, 여정의 우연성을 자신의 뮤즈로 받아들일 줄 압니다.

그러나 황무지는 사용된 땅, 그리고 우리를 지원하는 땅과는 구분되는 다른 것으로 이해됩니다. 이같이 떼어내고 나누는 관점은 장소 통합에 대한 원주민의 이해와는 다릅니다.

이곳에 거주하는 사람들에게 황무지(야생)는 불경한 대지와 대조적으로 신성하게 분리된 특별한 장소가 아닙니다. 그들에게 모든 대지는 신성하며 사용과 존중 사이에 분열이 있을 필요는 없습니다.

이 관점의 다른 측면은 체현의 중요성에 대한 이해입니다. 걷기를 통해 얻어지는 대지와의 강렬하고 친밀한 육체적 지식의 유대는 대지의 광활한 몸과 나누는 대화라는 형식을 가능하게 합니다. 이 형식은 오직 인간 자신의 몸으로 대답하려는 노력을 통해서만 진입할 수 있습니다. 황무지 여행가들은 자신의 생존을 스스로 책임져야 하고 자신을 한계를 지닌 동물이자 단지 절반 정도 강인한 동물로서 평가해야 합니다. 그런 여정을 통해 당신은 수동적이라기보다는 능동적 목소리를 가진 다양한 형태의 자연을 접하게 됩니다. 당신은 놀랍도록 정교하고, 사랑을 받으며 소통하는 몸을 지닌 연인의 모습으로 땅을 알게 됩니다.

정신성에 관한 서구의 이원론적으로 젠더화된 이야기는 남성을 내부적이고 금욕적인 '영원한' 정신성과 동일시합니다. 이 정신성은 몸과 물질 세계를 외면하지요. 반면 여성을 '내재적' 물질에, 정신성의 반대편에 놓인 일상적 문제에 동일시합니다. 이러한 해석은 어쩌면 우리 생존에 중요할지도 모를 많은 것을 표현될 수 없게 합니다. 그중 물질주의적 영성의 가능성이 있습니다. 당신이 연인의 몸을 속속들이 육체적으로 아는 것처럼 세계의 몸을 이해하고 탐험하고 탐미하는 것입니다. 이러한 접근에는 영성의 가능성이 있으며, 영성이란 천상의 것이나 딴 세상의 것이 아닙니다. 영양분을 공급하는 대지의 능력을 충분히 찬양하고 지금 여기 매일매일의 신성함과 속세나 일상의 신성함을 충만히 알아차리는 것입니다.

걷기가 이 땅의 힘과 만나는 기회를 제공한다면, 그리고 그 기회를 독백적 관계가 아니라 대화적 관계로서 경험한다면 걷기는 땅에 쓰인 시간과 다양한 층위에서 영적으로 만나는 기회를 제공할 것입니다. 후기 자본주의의 노동 문화는 시간에게 이익의 적 역할을 맡겼습니다. 시간은 자본주의 체제의 영생을 돕는 묘약인 셈입니다. 왜곡된 체계는 우리로부터 많은 것을 빼앗았습니다. 그 속에서 대개 시간은 특정 목표를 달성하거나 과업을 완수해야 하는 수단으로서의 도구적 역할을 맡았습니다. 시간은 적이고 억압자입니다. 종국에는 우리를 파괴할 고약하고 고통스러운 작업 반장입니다. 스톤컨트리를 걸으며 가로지르는 이 강렬하고 친밀한 여정은 강력하고 다른 방식으로 시간을 경험하도록 안내합니다. 그

것은 비범한 사암 폐허를 형성하는 지질학적 시간이고, 우리 주변의 동물 생명을 창조하는 진화적 시간이자 암석 갤러리에 남겨진 인간의 시간입니다. 사적인 '시간 외 시간'이자 모래에 손가락으로 그림을 그리는 시간, 오색앵무를 부러워하고 그 경험을 반추하며 통합하는 시간입니다. 여기 이곳에서, 그리고 그러한 조건 하에서 시간은 스승이자 함께 여행하는 동반자가 됩니다. 우리를 저 멀리 이끄는 친구입니다. 시간은 수단이 아니라 메시지입니다.

날이 밝을수록 더워집니다. 돌아갈 준비를 거의 마쳤을 때, 우리는 무너진 바위들이 길고 낮게 이어진 모습이 보이는 지점에 도달합니다. 동굴의 윤곽인 것 같습니다. 접촉을 위한 외침으로 우선 우리의 존재를 밝히고 접근해도 된다는 허락을 구하는 것이 예의입니다. 지난여름 북부 로키산맥의 회색 곰 지역을 걸으며 숱한 시간을 보낸 덕분에 제 존재를 알리는 쿠이 콜cooee call을 숙련하였습니다. 회색 곰 지역에서는 당혹스럽고 위험한 뜻밖의 일이 일어나지 않도록 회색 곰에게 자신의 존재를 계속해서 경고해야 합니다. ("친구야, 다시 한번 우스꽝스러운 쿠이 콜이야! 여기 입이 크고 맛없는 또 다른 호주인이 지나가." 회색 곰이 하품하는 모습을 상상할 수 있겠지요.)

"쿠이!" 저는 크게 외쳐봅니다. 쿠이 콜이 바위 표면에 부딪혀 크고 또렷한 소리로 돌아옵니다. "우린 발과 마크야. 우리가 올라가도 될까?", "올라와!" 확실하고 주저 없는 응답을 받았습니다. 비닛지는 선조들에게 그들이 존재한다는 것을 알리고 입장을 허락 받기 위해 이 외침의 의식을 수행합니다. 이처럼 허락을 구하는 관습을 발란다 사람이 수행하는 것에는 과연 무슨 의미가 있을까요? 저는 이렇게 대답합니다. 땅의 힘을 인정하고, 이 장소를 행위자로서 그것이 무엇이건 존재 혹은 존재들로서 받아들이고 존중하는 것입니다. 또한 소통하는 파트너로서 지구와 맺는 관계에 대한 대화적 이해를 표현하는 것입니다. 원주민 문화에 대한 예우를 갖추는 것입니다. 그들의 창조와 풍습과 현재 남아 있는 유적을 존중하는 것이지요. 또한 풍경에 대한 원주민 서사에 마음을 열고 이를 존중하는 것입니다.

동굴은 시원하고 어둑어둑합니다. 지붕에서 떨어진 큰 돌덩이 무리가 동굴 벽에 걸린 장엄한 갤러리를 잘 지키고 있습니다. 산산 조각난 지붕 아래에 펼쳐진 흰빛을 띤 황톳길 벽 위에서 우리는 비닛지 문화의 주요 주제와 연관된 형상을 알아봅니다. 자신을 휘감은 무지갯빛 뱀 두 마리가 거북이와 물고기, 캥거루와 인간, 비와 개울을 다시 살려냅니다. 우리는 그림에 담긴 강력한 깨달음과 그 면밀한 관찰력에 감탄하고 이내 그 의미가 궁금해집니다. 모퉁이를 돌고 나니 우리는 숨이 턱 막혀 서로 움켜잡습니다. 붉은 황토색으로 선명하게 윤곽이 드리운 벽 위에는 호주 본토에서 아마 5,000년 전에 멸종했을 동물, 즉 태즈메이니아늑대[8] 또는 주머니늑대의 옆모습이 거의 실물 크기로 그려져 있습니다. 몸통 뒷부분을 가로지르는 줄무늬, 그리고 전체 몸의 형태와 자세로 추정컨대 그림이 묘사한 대상은 분명합니다.

이 그림을 남긴 사람은 태즈메이니아늑대에 익숙했습니다. 그림 속 동물은 마치 개처럼 하늘 높이 치솟은 비범한 꼬리를 가지고 있습니다. 꼬리는 몸 전체를 다 그린 이후에 그리거나 선택적으로 추가한 것이 아닙니다. 꼬리는 몸과 강력하고 긴요하게 연속되는 것으로서 그려졌습니다. 이제 다른 무언가도 보입니다. 그 그림 바로 아래에는 고작 일주일이나 이 주일 정도 방치된 것으로 보이는 개의 배설물 같은

---

8 〔옮긴이 주〕약 200만 년 전에 출현해 호주 본토와 태즈메이니아섬, 뉴기니에서 서식한 육식 유대 동물로 등에 호랑이 줄무늬를 갖고 있어서 태즈메이니아 호랑이라고도 불린다. 무차별적 사냥과 야생 들개 딩고의 유입 때문에 멸종했다.

크고 하얀 더미가 놓여 있습니다. 태즈메이니아늑대의 갯과 라이벌인 딩고[9]의 배설물일 수 있습니다. 혹은 생각하고 싶지는 않지만, 태즈메이니아늑대의 영혼이 남겨두고 간 것일 수도 있습니다. 우리는 이렇게 다시 오래된 것의 존재, 선조에게로 돌아왔습니다.

~~~~~~~~

동굴과 동굴이 제공하는 시원함, 동굴이 간직한 시간과의 조우를 뒤로하고 아쉽지만 겨우 떠나려 할 때, 우리는 그 너머의 또 다른 놀랍고 풍부한 상징의 영역으로 진입합니다. 바로 균형 잡힌 바위 계곡입니다. 사암 지대의 가장 오래되고 가장 저항적 조각들에 해당하는 침식된 돌의 형상은 현재의 형상을 갖추기까지 모든 역경에 용감하게 맞섰습니다. 이 돌은 종종 수의로 덮인 동물이나 인간의 머리를 섬뜩하게 떠오르게 하는 시각적 형상을 취합니다. 침식된 돌은 동굴 갤러리 위쪽에 위치한 계곡 양쪽이 하늘과 맞닿는 지점에 자리 잡고 있습니다. 우리는 언제나 오래된 것의 존재와 함께하지만, 그중 이토록 대단히 풍화된 바위만큼이나 명확한 것은 없습니다. 풍화된 바위는 지구와 지구를 둘러싼 대기의 기운이 낳은 아이 중 제일 나이가 많은 아이입니다. 가장 오래된 기록에 따르면 풍화된 바위는 어머니 대지와 아버지 하늘 사이에 벌어진 투쟁적 결혼의 산물입니다. 균형 잡힌 바위는 파괴의 과정에 최대한 저항합니다. 본래의 사암은 생존할 수 있는 가장 작은 단위로 추출되지만, 오래 살아남지는 못할 것입니다. 사암은 이미 시간의 강과 결투하고 있습니다.

 균형 잡힌 바위의 형상은 제게 개인적으로 큰 의미가 있습니다. 젊은 시절 애착을 가졌던 시드니 사암이 바로 그런 형상이었지요. 그때에 비하면 지금 보이는 이 바위는 훨씬 어리고 돌의 중심부가 덜 노출되었지만, 균형 잡힌 바위는 사암의 풍화에 의해 일정하게 창조된 형상입니다. 제게 균형 잡힌 바위는 존재의 상징이자 균형의 상징이었습니다. 하지만 생명에 닥친 위험의 상징이자 취약성이라는 뼈아픈 진실의 상징이기도 했습니다. 다시 말해 우리는 굴러떨어질 수도 있고 또 균형을 이룰 수 있으며 우리 삶은 위태롭게 열려 있다는 것입니다. 이 오래된 지혜로운 바위가 종종 수의

---

9 〔옮긴이 주〕 호주에만 서식하는 육식성 야생 들개이자 호주 최초의 외래 종이다. 약 3,500년~4,000년 전 호주 원주민에 의해 유입되었다. 원주 민들은 새끼 딩고를 길들이기도 했지만, 동물을 가축화하지 않는다는 철 칙에 따라 성체가 되면 야생으로 돌려보냈다.

로 덮인 동물이나 사람의 머리를 떠올리게 하는 형상을 취한다는 점이 호기심을 자극합니다. 이 형상은 사암이 신체를 지닌 모든 개별 생명에게 보내는 경고입니다. 그것은 이렇게 말합니다. "나는 분해되고 으스러져서 개별성과 조직을 잃지만, 다른 존재를 창조하는 과정에 있다. 같은 이유로 너희, 살아 있는 너희도 죽을 것이다. 생명이란 피할 수 없는 분해와 형상의 상실에 저항하려는 시도로 정의되기 때문에 결국 너희는 원치 않는 것, 즉 네가 제일 원하지 않는 죽음에 굴복할 것이다."

가장 오래되고 가장 많은 시련을 겪은 바위가 가끔 수의를 씌운 인간이나 동물 머리를 연상시키는 형상을 취한다는 것은 또 다른 점에서 기이합니다. 편협하게 생각해보면 인간성과 동일시되는 의식 혹은 의미의 상징으로서 그들을 대신 데려다놓은 것처럼 보이기 때문입니다. 이 점은 데카르트와 신데카르트적 이데올로기에서 역설적 상징이 될 것입니다. 데카르트적 대구분에서 비의식적인 것은 의식적인 것과 공통점이 없으며, 의식적인 것을 나타낼 수도 없기 때문입니다. 그러므로 균형 잡힌 바위는 반데카르트적 상징이고, 위계적 데카르트 질서에 대한 세계의 저항을 나타냅니다. 또한 동물이라는 우리의 조건 하에서 공통되는 특정 측면을 보여줍니다. 즉 우리가 자연이라고 부르는 영역과 문화라고 부르는 영역 사이의 차이를 실제로 특징 짓는 취약성과 수명 보장의 문제입니다. 동물해방론자들은 가축화되고 기한이 정해진 생명을 상정합니다. 하지만 균형 잡힌 바위는 제게 포식의 상징이자 자연의 순환적 측면의 상징입니다.

또 다른 이유를 들자면 균형 잡힌 바위는 제가 악어와 마주치기 바로 전, 그 운명의 날에 본 상징이라는 점에서 이런 종류의 의미를 갖습니다. 그 상징은 제가 행동을 취했을 때, 몸을 돌려 되돌아오게 하였고, 저를 기다렸던 것과 딱 마주칠 수 있도록 만들었습니다.

〰〰〰〰

우리는 저녁에 서늘한 웅덩이로 돌아와 휴식을 취하고 다음 날 아침 출발할 준비를 했습니다. 떠나려 할 때, 드디어 우리는 더 많은 계시를 받게 됩니다. 웅덩이 연단 뒤편에 위치한 주황빛 절벽에서 무지갯빛 뱀 그림을 발견합니다. 지금에 이르러서야 절벽이 왜 그토록 찬란하게 빛나는지 깨닫습니다.

오래된 것은 제가 씨름해온 이분법을 아우르고 또 무효화하는 힘과 존재감으로 환히 빛납니다.

3장 균형 잡힌 바위의 지혜:
평행우주와 먹이의 관점

저는 악어의 눈을 통해 지금에 이르러서야 **평행우주**parallel universe라고 생각되는 곳, 즉 완전히 다른 규칙을 가진 헤라클레이토스적 우주에 뛰어들었습니다. 이곳에서 만물은 계속 흐르고, 우리는 다른 사람의 죽음을 살며 다른 사람의 생명으로 죽습니다. 이곳은 먹이사슬로 나타나는 우주입니다. 이 우주의 논리는 관용의 감각을 완전히 다르게 나타내기 때문에 정의justice에 대한 우리의 감각을 뒤흔듭니다. 헤라클레이토스적 관점을 취하는 관용이 이곳에 널리 스며들어 이 우주를 조직합니다. 이곳에서 우리 몸은 먹이사슬과 함께 흐릅니다. 우리의 몸은 우리에게 속하지 않고 오히려 만물에 속합니다. 다른 종류의 정의가 먹이사슬을 다스립니다. 먹이사슬은 게리 스나이더Gray Snyder가 "생명의 성스러운 에너지 교환, 진화적 상호 공유의 측면, 다시 말해 문자 그대로 서로 먹음으로써 에너지를 나누고 그 에너지를 이곳저곳으로 전달하는 것"이라고 칭한 것처럼 에너지와 물질이 제공한 것을 나누고 전달하는 한 방법입니다.

그러나 개체적 정의의 우주에서 개별 주체의 우주는 마치 성벽과 해자로 둘러싸인 성곽 마을처럼 주변으로부터 떨어져 있는 사람과도 같습니다. 지속적 포위 상태에 놓인 이 우주는 먹이로 만들어진 몸을 필사적으로, 강박적으로 다른 존재와 떨어트려 오로지 우리 자신의 것으로만 남겨두고자 합니다. 물론 우리는 성벽과 해자 위에 세운 성이 종국에는 무너질 것이라는 사실을 잘 알고 있습니다. 하지만 우리를 향해 다가오는 포위를 가능한 한 최대한 뒤로 미루고자 고군분투합니다. 우리가 자신을 에워싸는 상태로 계속 유지해 줄 수 있는, 더 나은 그리고 더 많은 포위 방어 기술을 추구하면서 분투합니다.

개체/정의의 우주에서 당신은 당신 몸이 지닌 에너지의 양을 절대적으로 소유합니다. 그리고 그 에너지의 상당 부분을 당신에게 다가오는 존재들로부터 당신의 몸을 필사적으로 지켜내는 데 소비합니다. 당신의 몸과 에너지를 나누려는 그 어떤 시도도 모두 불의와 격분을 일으키므로 그에 맞서 저항해야만 합니다. (모기와 거머리와 진드기가 우리 몸이라는 고급 만찬에 불청객으로 잠입할 때, 그들을 향한 우리의 반응을 떠올려봅시다. 이들은 우리 몸에 대한 소유권적 감성을 일으켜 우리를 격노하게 만들지요.) 다른 말로 하자면 헤라클레이토스적 우주에서 당신의 몸으로 존재하는 것은 도서관에서 가져온 책 한 권을 소유하는 것과 같습니다. 그 책은 언제든지 다른 대여자가 회수할 수 있는 것이고, 다른 이의 손에 들어가면 이야기 전체가 다시 쓰이는 것입니다.

　이 두 우주를 연결하는 통로는 없습니다. 두 우주는 근본적으로 다른 체계이고, 각 체계가 세계를 이해하는 방식은 결코 비교될 수 없습니다. 개체적 정의 세계에서 벗어나 먹이사슬 세계로 나아가는 멋지고 질서정연하며 차분한 방법은 없습니다. 아니 헤라클레이토스적 우주에 들어가려면 당신은 사력을 다해서 용맹하게 도약해야만 합니다. 저는 황금테가 빛나는 악어의 눈을 통해 뛰어올랐습니다.

　악어의 눈은 우리 모두가 먹이인 세상이 실로 존재한다는 사실을 제게 보여주었습니다. 악어가 저를 보통의 우주에서 끌어내어 물이 흐르는 평행우주로 내려보냈을 때, 저는 그곳에서 이 세계가 끔찍한 부당함과 무관심, 그리고 암울한 필연성의 일면을 드러냈다고 생각했습니다. 그런데 이제 저는 다르게 생각합니다. 그 일에 대해 좀 더 생각해보았습니다. 저는 먹이사슬 세계가 놀랍도록 급진적 평등의 세계라고 생각합니다. 전혀 불공평하지 않습니다. 오히려 이 세계는 만물을 모두 똑같은 방식으로 대하고 있습니다.

　에스키모 무속인에 따르면 우리가 삶에서 직면하는 가장 큰 위험은 우리가 먹는 음식이 영혼들로 이뤄졌다는 점입니다. 우리가 직면한 딜레마는 다른 존재를 먹이로 보면서 동시에 영혼으로 본다는 점입니다. 바로 이 점이 혼란스러운 부분이며, 균형 잡힌 바위의 지혜입니다. 우리는 이 두 세계를 모두 보아야 합니다. 균형 잡힌 바위의 지혜는 우리가 인간으로서 이 두 세계를 모두 살아가고 두 세계 모두에 거주지를 가졌다는 점을 깨우치게 합니다. 비록 우리가 그렇게 살아간다는 점을 모른다 할지라도 말입니다.

아, 우리 중 몇몇은 생태학을 배워 이 사실을 머리로는 알겠지만, 그럼에도 경험적으로 알지는 못합니다. 우리는 그저 그 안에서 단 하나의 위치, 즉 가장 높은 포식자의 관점만 배타적으로 그리고 경험적으로 알고 있습니다. 우리 중 일부는 심지어 먹이사슬과 우리의 관계는 이미 끊겼고, 우리가 먹는 음식은 그것을 사는 상점에서 나온다고 생각합니다. 이와 같은 포식자의 관점은 왜곡된 견해를 제공합니다. 우리로 하여금 교환, 즉 급진적 평등을 유지하는 교환의 관점에서 생각하지 못하게 만듭니다.

대신 우리는 저 유일한 포식자의 눈높이에서 먹이사슬이 우리 종의 우월한 가치를 반영한다고 생각하게 됩니다. 우리는 만물을 다시 만들어서 그것들이 우리에게 저 관점을 되비춰주게 하려 합니다. 그렇게 우리는 언제나 우위를 점하는 것이 인간의 역할이라는 생각을 자신에게 확인시킵니다. 이러한 사고는 악어 중 어느 하나라도 우리 인간이 지닌 환상에 구멍을 낼 무례함을 보인다면 우리가 악어 개체 수를 감소시키는 것은 정당하다고 생각하게 만듭니다. 먹이사슬을 항상 위에서 내려다보는 하향식 시각은 부패하고 왜곡되었습니다. 사실 우리는 다른 생명 존재들이 먹이사슬을 꿰고 있듯 그것을 잘 알지도 못합니다.

우리는 우리 몸을 ― 제 경우 완벽하게 작동하는 멋진 상태의 몸이었지요.― 포기하여 그것을 다른 생명 형태로 내어줄 때까지 먹이사슬의 소름 끼치는 논리를 결코 경험적으로 온전히 이해하지 못합니다. 먹잇감이 헤라클레이토스적 우주를 아는 것만큼 우리가 이 우주를 알게 되면 우리는 우리 자신이 이 세계에 참으로 놀라울 만큼 실망스러운 방식으로 존재하는 인간이라는 점을 깨닫게 됩니다. 갑자기 우리는 이 귀중하고 신성한 몸을 악어의 턱에 맡기고 결국 포기해야 한다는 점을 알게 되는 것입니다. 지구 공동체의 또 다른 대여자가 그 책을 불러들이는 것이지요. 우리 또한 아직 다 읽지도 쓰지도 못하였는데요!

그렇다면 제 몸을 먹이로 삼는 악어를 거부한 '나'는 누구였나요? 헤라클레이토스적 우주에서 먹이로서의 제 몸, 에너지 물질로서 나타나는 몸은 결코 제 것이 아닙니다. 언제나 생태계에 속하는 것입니다. 소유권이 전적으로 제게 있다는 생각은 근본적 환영으로, 다른 우주에서 헤라클레이토스적 우주로 가져온 환영입니다. 이 환영은 제가 방금까지 붙잡혀 있다가 빠져나온 개체적 정의의 세계에서 온 것으로 제 불신과 분노의 기저를 이룹니다.

'고기'인 우리가 우리에게 속하지 않는다면, 포식자는 주인도 아니고 괴물도 아닙니다. 우리는 사물을 두 우주의 관점에서 바라보아야 합니다. 이것이 균형 잡힌 바위의 지혜입니다. 먹잇감의 관점은 해자에 갇힌 성과 같은 사람의 주장을 어떤 식으로든 생태적 우주에도 강요할 수 있다고 믿는 우리의 가정이 불합리하고 오만하며 편협하다는 점을 깨닫게 합니다. 오로지 인간에게 국한된 개체 정의 우주의 관점에서 고기는 곧 비참한 것이라고 믿는다면 우리는 정말로 머지않아 '변화의 세계'를 뒤로하고 초월과 신체 공포증과 소외라는 낡은 주제가 제공하는 위안으로 되돌아가도록 자신을 설득할 것입니다.

제가 개체/정의와 먹이/생태적 체제라고 부르는 것 사이에는 근본적 차이와 경계가 실재합니다. 저는 그곳에 가보았습니다. 저는 우리 모두가 먹이인 다른 세계로 여행을 떠났고, 마치 플라톤의 동굴 밖으로 나온 누군가처럼 이 세계가 진짜라고 당신에게 말해주기 위해 그 여정에서 되돌아왔습니다. 이 두 세계는 결코 같은 기준으로 재단할 수 없고 이 점 때문에 서로 차단되어 있습니다. 분명 두 세계는 서로 다른 차원의 평행우주로서 존재합니다. 하지만 우리는 두 세계에 동시에 존재합니다. 두 세계는 사람들이 잘못하여 한 세계를 다른 세계로 환원하거나 인간의 오만으로 다른 실수를 하는 경우를 제외하고는 서로를 부정하지 않습니다. 바로 이런 점들이 세계를 두 부분으로 나누게 만드는 것입니다. 한 세계에서 당신은 개체 정의적 관점에서 사람 주체로 존재합니다. 그리고 다른 세계, 더 오래되고 충격적이며 전복적이고 부인 당한 세계에서 당신은 먹이로 존재합니다.

　병원에서 회복 중일 때, 저는 종교인들로부터 많은 편지를 받았습니다. 그들은 제가 어떤 목적을 위해 구원 받았다 믿는다고 말했습니다. 한동안 저는 그런 견해를 무시했지만, 어쩌면 그 사건이 제게 선사한 임무가 이제 명확해지고 있다는 생각이 듭니다. 하지만 그 임무를 제 개인적 구원의 목적으로 여기지는 않습니다. 제 임무는 균형 잡힌 바위의 지혜를 사람들에게 일깨우는 것입니다. 사람들에게 각각의 우주가 어떻게 존재하는지, 그리고 서로를 어떻게 제한하는지 보여주는 것입니다. 두 우주의 관계를 알아내고, 정의와 생태적 틀 사이에서 우리가 어떻게 개념적으로 움직일 수 있는지 밝혀내는 것입니다. 물론 이 문제는 동물 정의와 생태 관점 사이에서 벌어진 중요한 갈등으로, 많은 환경철학자들을 성가시게 했습니다.

우리는 양쪽 세계를 보는 법을 배워야 합니다. 우리가 양쪽 세계에 살고 있기 때문입니다. 두 세계 모두 우리의 집이라는 점을 깨닫지 못한다면 우리는 길을 잃고 헤맬 것입니다. 이를테면 포식에 대한 거리낌 없는 긍정은 이 세계 중 하나를 없애버리라고 요구합니다. 먹이가 된 동물에게 잡아먹히는 것은 운 나쁜 일이지만, 포식자에게는 가치가 있다고 주장하고, 사냥된 동물의 죽음은 사냥꾼에게 생명을 제공하니 가치 상실보다는 '가치 포획'으로 간주되어야 한다고 주장하는 것으로는 두 세계 사이의 경계를 개방할 수 없습니다. 포식에 대한 거침없는 긍정이 극단으로 치달으면 더욱 문제적 환영을 가정하도록 요구하기에 이릅니다. 인간은 문화의 세계에 존재하고 동물은 그와 다른 자연의 '먹이' 세계에 존재한다는 기준을 제시합니다. 이것은 인간 우월주의의 궁극적 환영입니다. 우리가 양쪽 세계에 동시에 존재하는 것이 현실입니다.

당신이 고기에 담긴 비참함을 먹고 있다는 사실을 깨달

는 것은 오직 이 세계 중 한 곳에서만 가능합니다. 다른 세계에서 그 생각은 가능하지 않습니다. 헤라클레이토스적 세계에서 비참함은 실상 무의미한 개념입니다. 비참함의 관점에서만 논쟁하는 것은 우리 모두가 먹이라는 생태학적 틀을 명백히 부인하는 것이기 때문입니다. 우리는 우리가 먹이가 될 수 있는 가능성을 인정하든지 다른 동물 또한 먹이가 될 수 없다고 주장해야 합니다. 그렇지 않다면 '정의-속의-인간'과 '자연-속의-동물' 틀이라는 이원론에 은밀히 호소하는 것에 지나지 않습니다.

두 우주 간의 경계를 야생과 길들여진 세계 사이의 경계와 동일시하는 것 또한 잘못된 인식입니다. 도시와 길들여진 곳/일궈진cultivated 영역에서 사는 것이 생태계 틀 안에 존재하는 것을 불가능하게 만들지 않습니다. 마찬가지로 야생은 개체적 정의의 관점에서 다양한 방식으로 논할 수 있습니다. 악어의 눈을 응시하면서 제가 자신과 나눈 포식자/먹이의 대화는 정확히 이 두 세계 사이의 경계와 전환에 대한 것이었습니다.

이 두 세계는 각자에게 자격을 부여합니다. 그러나 포식에 대한 무조건적 긍정은 오직 한쪽에서만 세계를 바라보게 합니다. 양쪽 세계의 현실을 직시하는 긍정이 필요합니다.

비록 두 세계는 평행하지만 각자 완전히 독립적인 것은 아닙니다. 완전성은 두 세계에 대한 이해를 요하고 이와 함께 두 세계가 왜 다른지, 그리고 어떻게 다른지 인식할 것을 요구합니다. 당신은 두 세계의 현실을 직시해야 하므로 먹이가 되는 경험은 도움이 됩니다. 당신이 두 세계를 모두 경험하고 두 세계에 뿌리내리고 있다는 점을 깨닫기 전까지 자아에 대한 엄밀하게 체현된 지식을 얻는 것은 불가능합니다. 우리는 어떻게든 두 세계에서 살아야 하고 두 세계를 횡단할 수 있는 실행 가능한 방법들을 찾아야 합니다.

저는 두 평행우주를 겪은 제 경험을 매우 극명하게 상이한 것으로 묘사했습니다. 두 우주의 충격적이고 급진적인 타자성을 겪은 제 경험을 반영하고 기리고 싶었기 때문입니다. 우리가 통제할 수 있는 우주의 일부와 우리가 결코 통제할 수 없는 우주 사이의 차이가 과연 소거될 수 있는가의 문제는 여전히 남아 있습니다. 한편으로 두 우주는 물리학과 도덕에 관련된 서술만큼이나 비교 불가한 것으로 보일 수 있습니다. 이런 예를 들어봅시다. 어느 사람을 물리학자로 바라보고 그에 대해 이해하는 것과 같은 사람을 친구나 아내 혹은 남편이라고 여기며 이야기하는 것에는 차이가 있습니다. 우리는 이와 같은 두 종류의 앎을 서로 환원될 수 없는 차이라고 여기고 그 차이가 공존하도록 단순히 허용할 수도 있습니다. 이런 관점에서 본다면 둘 중에 과연 어떤 것이 진짜인지를 놓고 서로 경쟁하거나 논쟁할 필요가 없는 것입니다. 오히려 하나를 다른 하나로 환원하려 하는 것이 더욱 근본적 실수일 것입니다. 우리는 이러한 차이를 인정하면서 각각의 앎에 적절하게 반응하는 것을 목표로 삼아야 합니다. 그리하여 우리는 한 영역에 적절한 반응을 서로 다른 영역으로 가져오게 하여 우리 자신이 주변에 무관심한 괴물이나 상처 받아 피 흘리는 부상자로 전락하지 않도록 해야 합니다.

다른 한편으로, 우리는 두 우주 사이의 가장자리를 매끈하게 만들기 위해 노력해야 합니다. 이는 바로 두 우주 사이의 긴장을 인정하고 우리를 양쪽 세계에서 살아가는 존재로 인정하는 것입니다. 우리가 먹는 먹이의 영혼을 인정하는 것은 우리와 우리가 먹는 것이 양쪽 세계에 속한다는 사실을 인정하는 것입니다. 두 세계가 접촉하는 지점에서 양쪽이 조화를 이루도록 노력하는 것입니다. 우리가 먹은 것이 우리 삶을 도덕적으로 어루만지는 것도 바로 이 지점입니다. 또한 이 지점에서 우리의 먹이를 공정하게 대하고 그것이 제공하는 관용을 인정해야 합니다. 우리 차례가 오면 먹이는 우리 역시 관대해질 것을 요구합니다. 우리가 취하는 모든 생명으로부터 할 수 있는 한 최대한 많은 것을 뽑아내려는 옹졸한 자기 극대화의 욕망을 버리라고 요구합니다. 먹이는 우리에게 늘 다른 존재에게 생기를 불어넣는 존재를 존중함으로써 우리 자신과 모든 다른 생명 존재에게 관대해지는 법을 배우라고 요청합니다. 이 존재들이 베푼 관용은 우리에게 먹이를 제공하고 우리 차례가 되면 우리를 먹이로 취합니다.

자연과 문화를 서로 침범하지 않는 상태로 분리하는 일에 어떤 형태로든 정당성을 부여할 수 있을까요? 강조해서 말하겠습니다. 절대 그렇지 않습니다. 저는 자연을 구하겠다는 인간의 욕망과, 이빨과 발톱이 붉게 물든 무정한 불의의 영역으로서의 자연이라는 옛이야기를 고수하겠다는 욕망에 반대합니다. 저는 오히려 당신과 다른 사람들의 냉담함을 메꿀 필요가 있다고 주장합니다. 무의미한 고통에 대한 비판을 문화 영역에 국한하고, 고통을 자연 선택의 필수적 측면, 즉 종의 생존에 필수적 측면으로 이해하는 것은 문화 영역에서의 연민 윤리와 유사한 윤리가 자연에는 적절하지 않으며 서로 다른 영역에서의 고통은 유사하지 않다고 주장하는 것입니다. 이러한 주장은 우리 인간이 이제 야생에 사는 종들과 같은 방식으로 자연 선택에 시달리고 있지는 않다고 보는 입장입니다.

동물/먹이 세계에서의 비참함과 고통이 인간/정의 세계에서의 고통과 같은 방식으로 이해될 수 없을지라도 인간/정의 세계에 대한 우리의 경험은 모든 생명 존재와 공유하는 일종의 연대감을 제공합니다. 그리고 이 연대감은 동물/먹이 세계가 자아내는 필연적 고통의 관점만큼이나 유효한 관점입니다. 예를 들어 저는 도로 한가운데에 겁에 질린 채 무력하게 누워 있는 앵무새를 발견하고 황급히 차를 후진했던 순간을 생생히 기억합니다. 앵무새는 누워 있지만, 분명 숨이 붙어 있고 아직 기회가 있습니다. 저는 뒤에 다른 차가 오기 전에 서둘러야겠다고 생각합니다. (한번은 도로 위에 납작하게 짓눌린 거북이를 구하기 위해 차를 세우고 달려간 적이 있습니다. 저는 그때 슬픔과 혐오 그리고 체념을 느꼈습니다.) 저는 차에서 황급히 내려 앵무새가 있는 곳까지 재빨리 달려갑니다. 그리고 근처 나무에서 자기 짝을 걱정스럽고 두려운 마음으로 기다리면서 동시에 곧 날아갈 자세를 취한 다른 앵무새를 발견합니다. 도로 위의 앵무새는 조금 전에 치인 것이 틀림없습니다. 서둘러야 합니다. 모퉁이를 돌아 이제 막 이곳에 접근하는 다른 차 소리가 들립니다. 앵무새가 제 손을 물까 두렵지만, 그녀에게 손을 뻗어 아직 맥박이 뛰는 이 작고 붉은 몸을 붙잡을 시간입니다. 걱정과 달리,

앵무새는 제 손 안에 수동적으로 누워 있을 뿐입니다. 저는 길가에 그녀가 몸을 숨길 만한 곳에 다가가 울창하고 멋진 덤불 속으로 그녀를 들어 올립니다. 그녀가 자유롭게 꿈틀 거리는 것이 느껴집니다. 저는 그녀가 무사할 것을 압니다. 그토록 붉고 환희로 가득한 그녀의 작은 삶에 기쁨을 느끼며 저는 차로 돌아갑니다. "조심해." 혼잣말을 합니다. 이건 어떤 우주인 거지? 하지만 꼭 알아야 할까요? 만약 그럴 필요가 있다면 우주는 스스로 정의 내릴 것입니다.

엘리스가 토끼굴 아래로 굴러떨어진 것처럼 제가 악어의 연결 터널을 통해 한 체계에서 다른 체계로 우연히 떨어졌을 때, 그 경험은 참으로 비할 데 없는 것이었습니다. 두 체계는 서로 너무도 이상하게 보였고, 저는 둘 사이에서 추정되는 부조화에 무척 놀랐습니다. 그래서 지금의 도전은 그것을 위에서부터 공부하는 것이 아니라 아래에서부터 공부하는 것입니다. 저는 우리 문화가 두 체계를 그토록 조화롭지 않다고 가정하고 또 어울리지 않는다고 표현한 이유를 연구해야만 합니다.

저는 2차 세계대전의 암울한 시기에 장난감도 없이 유년을 보냈기에 낡은 원더북에 몰두하면서 행복한 시간을 보냈습니다. 손에 달아 해진 책의 빨간 표지에는 나팔 북을 울리는 아프리카코끼리가 양각으로 그려져 있었습니다. 원더북의 너덜너덜해진 흑백 내지가 쏟아내는 놀라울 정도로 다양하고 멋진 이 행성의 생명체들은 제 어린 시절 보물 창고였습니다. 전쟁 이전에 출판된 책은 뼈대 골격만 남은 공룡을 제외하면 멸종에 대한 개념을 전혀 다루지 않았습니다. 이 책은 숲의 세계와 숲에서 거주하는 원주민과 동물을 유럽 중심적 관점에서 제시하면서 원시적 생명력을 긍정하였습니다. 책은 반쯤 정복된 세상을 보여주었지만, 그 세상은 여전히 광활하고 풍요롭게 보였습니다. 이 경이로운 존재들 대부분이 보금자리를 마련할 깊숙하고 무성한 숲으로 뒤덮인듯 보였습니다. 유럽적 상상력에 따르면 책이 보여준 숲의 세계는 끝없는 처녀지였고, 대부분이 아직 탐험되지 않은 곳으로 그 상상력을 신비와 위험과 놀라움, 자기 왜소의 시대와 장엄함의 장소로 유혹하는 것이었습니다. 바로 이 낡은 책이 언젠가 당신 것이 될 경이로운 세계에 대한 경탄과 기대를 불러일으켰습니다.

제가 창밖에서 찾은 현실 세계는 그 낡은 책이 약속한 마법의 숲에서 펼쳐지는 모험과 계시를 즉각적이고 일상적인 경험으로 확인하기에 충분할 만큼 풍요로웠습니다. 제 가족이 운영하는 작은 혼합 농장은 사암에 빈터를 만들었고,

그곳을 장엄한 시드니 블루검[1]과 매끄러운 연주황색 몸통을 가진 앙고포라스 나무가 둘러싸고 있었습니다. 어머니의 한 밤중 노동으로 우리가 기르고 내다 팔던 닭들의 깃털이 뽑힌 것처럼 농장의 나무들은 아버지의 땀으로 뿌리 뽑혔습니다. 어머니의 일은 상당히 고되었기에 저는 제게 손짓하는 숲에 들어갈 수 있는 남다른 자유를 얻었습니다. 저는 거의 걸음마를 떼자마자 숲의 방랑자가 되었습니다. 빈터를 둘러싼 숲과 그보다 더 매력적인 숲의 거주자들과 친숙해질 수 있을 만큼 그러나 부모님께 혼나지 않을 선에서 멀리 탐험을 나갔습니다. 숲의 거주자에는 뱀과 큰도마뱀, 그리고 여러 종류의 난폭한 불독개미도 포함됩니다.

저는 당시 미개간지에 거주하던 다른 많은 아이처럼 통신학교[2]에 정식으로 등록하고 집에서 개인 교습을 받았습니다. 그렇지만 수풀이 제 진짜 학교였습니다. 수풀은 제 친구와 모험, 대화의 대부분을 제공했습니다. 종종 제가 가장 좋아하는 가상 인물인 용감하고 철학적인 앨리스로부터 영감을 받기도 했습니다. 저의 원더랜드에는 굵직하고 신비로운 암석이 곳곳에 배치된 모래로 뒤덮인 유쾌한 야생화 나라도 있었습니다. 이곳에서 저는 다른 거주자들과 지나치게 친근히 대화하는 것을 조롱하거나 제지하는 이 없이 자유로이 탐험할 수 있었습니다. 어머니가 꽃들에게 붙인 굉장히 매력적인 이름들(할아버지수염, 거미꽃, 병브러시, 벨로즈)은 나중에 차가운 과학 용어로 대체되었습니다. 그렇지만 이 용어가 함의하는 추상적 거리는 우리가 먼저 형성한 친밀성의 유대를 결코 끊어낼 수는 없습니다.

그런데 제 사과에는 벌레가 있었습니다. 제 에덴동산에는 결점이 있었습니다. 그것은 저 멀리 있는 추상적 이상이나 천국을 선호하면서 당신 주변에 있는 것과 일상적인 것, 그리고 생명의 본질 가치를 낮추어 본 잘못이었습니다. 추상적 이상과 천국은 모든 것으로부터 빛과 생명과 아름다움을 고갈해 버립니다. 그것은 색을 흐릿하게 만들고 아름다움을 이해하는 능력을 파괴합니다. 문화적으로 위축된 호주는 정착민들이 만든 다른 식민지와 마찬가지로 이와 같은 증후 때문에 심각하게 고통 받았습니다. 야생화가 만발했지만, 저는 제가 매일 경험하는 풍경이 아름다움의 참된 이상에 부

---

1 〔옮긴이 주〕 유칼립투스의 하위 분류 중 하나다.

2 〔옮긴이 주〕 학교와 집이 먼 학생들을 위한 학교다. 통신학교에 다니는 학생들은 매일 등교할 필요 없이 우편을 통해 교재를 받고 숙제를 제출한다.

합하는지 혼란스러웠습니다. 야생화 나라는 이모들이 벽에 붙인 그림, 아직도 '집'이라고 불리는 먼 곳의 이상화된 산과 공원, 그리고 양식을 갖춘 정원과는 전혀 닮지 않았습니다.

그 시절 호주인들은 한없이 펼쳐진 회색빛 수풀과 그 끝 없는 칙칙함과 단조로움에 대해 흔히 불평했고, 아름다움을 상상하려 반쯤 기억된 유럽에 종종 눈을 돌렸습니다. 제 증 조부모님이 이런 식민적 가치를 깨는 방향으로 나아가신 덕 분에 저는 수풀을 즐기고 경외하며 야생화를 꺾거나 생명체 를 해치지 않도록 배웠습니다. 그럼에도 제 문화적 환경에 서 기인한 무의식적 짐은 여전히 제 주변을 온전히 그리고 공공연히 긍정하는 것을 가로막는 장애물로 남아 있습니다.

저를 감싼 숲의 세계가 펼치는 감각적 풍요로움은 대개 압도적 기쁨을 선사했습니다. 즉각적이고도 거부할 수 없는 기쁨이었습니다. 그렇기에 그 기쁨의 순간을 감히 훔치려 하 는 도둑을 모두 물리쳤습니다. 여름에 숲은 꿀향을 머금은 크림색의 머틀[3]꽃과 왜성사과, 블러드우드[4]와 쿤제아[5]를 황 홀하게 뿜내면서 코를 즐겁게 했고, 딱정벌레를 열광케 했 습니다. 과즙으로 가득 찬 방크시아캔들[6]은 마치 태양이 겨 울 해 질 녘을 예고하는 것처럼 찬란하게 타오르는 주황빛을 자랑하며, 꿀을 찾으러 오는 자들을 위해 매년 가을 그 자리에 있었습니다. 8월부터는 하얀색의 진드기덤불[7], 분홍색의 보로니아나무와 밀랍꽃, 붉은색의 그레빌레아와 제때 찾아온 성탄절종꽃[8]이 눈을 즐겁게 하는 축제를 벌였습니다. 새들과 벌레들이 이 꽃들의 수행원이 되어 주변을 맴돌며 자신의 몫을 갈구했지요. 이곳은 번식이 중심에 놓인 세계입니다. 이종 간 섹스에 대한 그 어떤 금기도 힘을 발휘하지 못하는 위대한 번식력에 대한 상상이 만든 작품처럼 보입니다.

3 〔옮긴이 주〕도금양과의 상록 관목 중 하나다. 향기가 맑고 부드러워서 화장품의 원재료로도 널리 활용된다. 특히 줄기에서 뽑은 오일은 향수의 원료로, 잎과 꽃은 로션의 원료로 활용된다.

4 〔옮긴이 주〕호주 북부에서 자라는 고유종 나무로, 코림비아 오파카(Corymbia opaca)라고 불린다. 두껍고 거친 몸통과 줄기를 자르면 나오는 붉은 수액이 마치 피를 흘리는 것처럼 보여 '블러드우드'라는 별칭을 얻었다.

5 〔옮긴이 주〕도금양과의 작은 관목 중 하나로, 가느다란 줄기 끝에 피는 꽃이 특징이다. 주로 호주 서부에 서식하는데 종종 호주 동부에서도 발견된다.

6 〔옮긴이 주〕호주 토착의 소형 관목 중 하나다. 호주에서 정원과 베란다를 가꾸기 위한 용도로 인기가 많다.

7 〔옮긴이 주〕주로 호주 동부 해안에 서식하는 식물로 쿤제아 앰비구아(Kunzea ambigua)라고도 불린다.

8 〔옮긴이 주〕호주 동부 지역에서 서식하는 블란드포르디아속과의 꽃이다. 붉은색 꽃잎 끝부분은 노란색으로 물들어 있다. 꽃의 모양은 종을 닮았고, 크리스마스 시기에 개화하여 호주인으로부터 성탄절 종(christmas bell)이라는 별칭을 얻었다.

골풀과 자신이 꺾는 분홍색, 흰색, 푸른색의 수련에 둘러싸여 꿈을 꾸고 항해하는 앨리스처럼 저는 어린 소녀가 꿈꾸는 세계에서 살았습니다. 그곳은 동물과 식물이 말을 하는, 심지어 돌멩이조차 말을 할 수 있으며 모든 생명에 활력이 넘치는 세계였습니다. 이 세계는 연인이었습니다. 자연은 현존으로 가득 차 있었습니다. 마치 숲을 통해 자신의 짝을 부르는 금조와 같은 현존이었습니다. 금조의 경쟁자도 숲의 힘을 불러일으켰습니다. 어린 시절 숲을 방랑하는 동안 저는 이렇게 세계를 연인으로 대하는 법을 배웠습니다. 그리고 생명과 이 땅의 지혜에 대한 해소할 수 없는 갈증을 얻게 되었습니다. 풍요로운 관점이지만, 어쩌면 경솔한 관점일지도 모릅니다. 이러한 배경은 제가 왜 악어를 마치 이 세계의 악을 이제 막 알아차리게 된 아이처럼 만났는지 아주 부분적으로 설명합니다. 다른 존재에게 가한 어떤 큰 잘못이 날카로운 악마적 경험으로 나타난 것입니다.

초기 청교도 시대에 자연은 밀려났습니다. 자연은 막대한 방종을 선호하여 문명화된 규칙과 실천을 버린 곳, 다시 말해 사악한 동물 영역으로 여겨졌습니다. 이 관점에서 자연은 정원에서 통제 받고 묶여 있어야 하는 야만적이고 위협적인 여성 타자였습니다. 정원은 의심스럽고 교화적인 십

자군 문화에 의해 부역자의 영역이자 집 주위에서 길들여진 것들로 묘사되었습니다. 정원은 야생의 영역과 정반대 위치에 놓였습니다.

　이 관점은 다소 불편한, 심지어 모기에 물리는 것처럼 무서운 일을 초래할 수 있는 위험에 굳이 대처하기보다는 안전지대 안에 머물면서 나머지에 대해서는 잊어버리는 편이 더 낫다고 결정하는 것이지요. 그 결과 우리는 이제 야생과의 관계가 어떠해야 하는지에 관한 질문에 답해야 합니다. 세계의 진화적 시간관에 따르는 오래된 체제나 오래된 질서 같은 것이 정말로 존재할 수 있을까요? 확실히 그 세계와 연대하는 진정한 순간이 있습니다. 그 생생한 세계는 선명한 색감과 빠른 맥박을 지녔습니다. 그 세계는 다음 순간이, 그리고 그 다음 순간들에 내린 당신의 결정이 당신의 생사를 결정하리라는 사실을 당신이 알게 될 때 다시 뚜렷해집니다. 그것은 당신이 결정을 내리는 그 순간을 평행우주로 통하는 터널을 무서운 속도로 빙빙 돌게 만들어 아주 크고 끔찍한 상처를 지닌 채 평행우주에 도착하게 만듭니다. 우리는 죽음의 순간에 자연의 영역, 즉 자연으로서의 죽음 영역에 다시 한번 반환됩니다. 우리가 자연의 포식자에 의해 죽음을 맞이할 때 특히 그렇습니다. 우리가 우리 영역에 속하지 않는

다고 주장해온 다른 생명 존재들처럼 우리는 자연에 반환되는 것입니다. 하지만 우리는 오직 우리의 문화적 이해를 통해서만 이 모든 것을 이해할 수 있습니다. 그러므로 문화는 아주 중요하고 책임이 큰 역할을 수행합니다.

먼저 우리는 흰 수염을 기른 한 현자가 우리 손을 잡고, 우리가 마땅히 누려야 할 모든 것을 얻는 세계를 그가 보장해줄 것이란 기대를 반드시 멈춰야만 합니다. 마찬가지로 우리는 악의 문제에 대한 그토록 우스꽝스럽고 정교한 이야기를 그만 멈추어야 합니다. 어떻게 악이 우리를 시험하고 구원하기 위해 보내졌는지 혹은 어떻게 악이 우리를 보살피고 우리의 모든 욕구를 달래줄 더 나은 세계로 우리를 데려가서 이 모든 부당함을 보상할 수 있는지에 대해 이야기하기를 멈추어야 합니다. 이런 관념들은 우리가 사는 실제의 생태 세계와 조금도 닮지 않았습니다. 우리는 지금 이곳에 우리가 실제로 존재하며, 두 세계를 더 큰 합치와 균형으로 이끄는 이야기를 해야 한다는 사실에 직면했습니다.

어떤 종류의 이야기를 해야 악어의 서사를 정의의 서사로 만들 수 있을까요? 이것이 핵심 질문입니다. 두 세계를 함께 모으기 위해 어떤 종류의 이야기를 해야 할까요? 오리-토끼 그림[9]의 두려운 이중성을 경험하지 않고 하나로부터 다른 하나를 볼 수 있으려면 말입니다. 한쪽이 보이면 다른 한쪽은 보이지 않는 일종의 눈먼 상태를 넘어 우리는 동시에 양쪽을 볼 수 있는 능력을 키워나가야 합니다.

두 세계를 지각하는 제 의식의 결핍을 설명해야 했기에 저는 서구 문화에서 일어나는 물질성 혹은 육체성에 대한 거부를 다시 검토해야 했습니다. 악어에 대한 제 반응은 제가 '문화'라는 영역에 거주하는 백인 서구인에게 공통된 이데올로기의 영향으로부터 완전히 자유롭지는 못하다는 점을 보여주었습니다. 인류는 다른 모든 영장류와 동일한 유전적 자원에서 진화했고 모든 생명체와 긴밀한 관계라고 알려져 있지만, 우리는 우리와 다른 동물 사이의 연결을 최소화하려는 듯한 활동과 신념에 끊임없이 매달립니다. 헤라클레이토스적 우주로의 극적인 진입은 제 눈을 뜨게 해주었습니다. 우리는 사실 다른 동물과 다르지 않고 오히려 죽음과 부패에 취약한 물질적 존재라는 점을 아주 절실히 깨닫게 해주었습니다. 이 다른 우주에 대해 무지한 상태를 유지하고 이 우주로부터 우리 자신을 분리함으로써 우리는 인간이 겪

---

9 〔옮긴이 주〕 보는 각도와 관점에 따라 오리로 보이기도 하고, 토끼로 보이기도 하는 착시 그림이다.

는 필멸의 삶, 그리고 우리가 가정한 인간의 우월한 지위에 대한 뿌리 깊은 불안을 잠재웁니다. 우리는 우리가 오롯이 문화 안에서만 살아간다는 상상을 통해 우리의 생명은 다른 물리적 존재의 생명보다 더 중요하다는 생각을 자신에게 허락합니다. 그 기저에서 우리가 문제로 여기는 것은 바로 우리의 몸입니다. 왜냐하면 우리 몸은 우리 정신과 달리 우리가 지닌 동물적 한계를 상기하기 때문입니다.

그렇다면 어떤 종류의 이야기가 우리로 하여금 두 우주를 연결할 수 있게 할까요? 어떤 종류의 이야기가 사회적 생명의 수준에서뿐 아니라 개인적이고 즉각적인 생명 수준에서 두 우주를 엮어내게 만들까요? 서구 문화에 깊이 밴 몸/마음 이원론은 우리가 생태적으로 뿌리내리고 있는 것에 대한 이야기를 그 어떤 방법으로도 알 수 없게 만듭니다. 우리의 생태적 뿌리내림은 그로부터 아주 멀리 떨어진 방법이나 상당 부분이 제거된 방법으로만 접근이 가능합니다. 예를 들어 과학 서술의 추상적 방식을 취하거나 천왕성 또는 외부 우주에 대한 사실을 발견하는 것과 같은 방법 외에는 그 어떤 방법도 용인하지 않는 것이지요. 대개 우리 문화는 이미 확고히 구성되어 있어서 우리는 두 세계 중 오직 한 곳에서만 살고 어느 정도 제거된 추상적 앎을 통해서만 나머지 다른 한 세계를 알게 되는 것처럼 보입니다. 혹은 자연이 보여주는 여름의 원더랜드 같은 측면에 가끔 들러보는 식으로만 다른 세계를 접하는 듯합니다.

다시 말해 우리는 인간이 만든 문화의 세계에서 우리 삶을 살아가고, 인간 정의의 관점에서 우리 자신을 정의합니다. 더 오래된 세계에서 자라났음을 잊었습니다. 그 오래된 세계는 어쩐지 문화 세계로부터 떨어져 멀리 흘러갔거나 혹은 그렇다고 생각되지요. 두 세계의 연결이 끊기고 통신이 두절되어 일정한 간격으로 경보 알람이 울릴 때만 제외하고 말입니다. 하지만 우리는 '다른' 체계에서 무슨 일이 일어나고 있는지 알려주는 눈금판에 오랫동안 관심 갖지 않았습니다. 수많은 인구가 참여하는 경쟁 게임과 거대한 기계가 만드는 생존 쟁탈전에 사로잡혔기 때문입니다. 이 거대한 기계는 자산 형성에 몰두하고 이를 극대화하는 합리성을 연료 삼아 돌아갑니다.

때때로 또 다른 고장이 우리 주의를 끌고 그 눈금판을 뒤돌아보게 하지만, 우리는 그쪽을 주의 깊에 바라보지 않고 있습니다. 특히 두 체계가 개인적 차원에서 수렴하는 것은 바로 죽음과 먹이의 지점입니다. 우리를 자연에 개별적으로 다시 자리 잡게 하는 더 나은 혹은 길잡이 역할을 하는 일련의 서사가 분명히 필요합니다. 그리고 이 서사는 경제적 차원에서도 작동해야만 합니다. 이것은 다른 영역을 '들러 보는' 단순한 이야기일 수 없습니다. '적절한' 문화 영역으로 되돌아가기 전에 잠시 자연에서 여름을 즐기는 소녀의 휴가 이야기일 리 없습니다.

매일매일의 일상에서 우리와 자연이 맺는 관계들을 훨씬 더 투명하게 만들어줄 이야기가 절실히 필요합니다. 우리는 다시 한번 이야기의 문화가 되어야 합니다. 이 이야기는 가이아라고 불리는 위대한 생명과 우리 생명을 연결하는 이야기입니다. 그러나 이때 만물은 자신이 고안한 이름으로 불리어야 합니다. 문화/자연의 경계에 대해 이야기하고 그 두 문화가 만나는 지점에 대해 이야기하는 것이야말로 생태를 진정으로 이해하는 일입니다. 문화 영역에 대한 담론으로 우리를 설명하고, 그로부터 분리되어 멀리 떨어졌다고 진술된 자연 영역에 대한 담론으로 그들을 설명하는 대신 다른 이야기를 찾아야 합니다. '우리'는 문화 속에 살고 '그들'은 자연 속에 산다는 확신은 너무 강해서 이제 남은 것은 자유와 역사, 의식에 대한 열정적 이야기뿐입니다. 이는 우리에 대한 것이지요. 그들에 대한 이야기는 그들이 문화적 인과 관계와 시계 장치에 극도로 무관하다는 이야기뿐입니다.

소외와 물질성 부정이라는 기독교/서구의 이원론적 틀은 우리와 자연을 연결하는 서사를 주요 만남의 여러 지점에서 지워버렸습니다. 저는 이 지점에서 죽음과 먹이의 문제에 특히 관심을 갖고 있습니다. 죽음과 먹이의 문제 외에도 죽은 영역이나 공백과 무감각의 장소를 만들어내는 다른 문제도 있습니다. 마찬가지로 우리는 이 문제에서 자연과 만날 접촉의 구조도 우리를 안내할 유용한 이야기도 갖고 있지 않습니다.

분리된 영역, 그리고 결코 만나지 않는 영역을 선언하는 서구의 이원론적 구성은 계속해서 이 중요한 구성과 연결을 방해하고 있습니다. 이는 극심한 가뭄이 찾아왔을 때, 웜뱃 같은 동물들이 겪는 고통에 대한 비탄과 애도를 부정할 수 있게 합니다. 하지만 제 손에 올린 다쳐 죽어가는 동물을 보며 느끼는 비탄을 묵과할 수는 없습니다. 그들의 완전성을 흘끗 보고 그들이 죽어간다는 사실을 알게 됩니다. 제 발이 디딘 땅으로 내던져진 개똥지빠귀, 그 몸의 노란빛과 회색빛이 완전성을 이루는 이 새가 동그랗게 오므린 제 손 위에서 천천히 죽어갈 때, 저는 비탄과 회한에 잠겨 숨이 턱 막힙니다. 저는 태즈메이니아해변에 떠밀려온 쇠푸른펭귄을 발견한 적이 있습니다. 이들은 굶어 죽은 상태였습니다. 양식

연어의 먹이로 수입된 외래 정어리가 퍼트린 질병으로 펭귄의 주요 먹이인 토착 정어리 개체 수가 급감했기 때문입니다. 우리는 이 동물들이 그들 자신을 소중하게 돌보고 또 그렇게 인식하는 개체라는 점을 알고 있습니다. 우리도 그들을 마찬가지로 소중하게 대우해야 하며, 그렇게 하는 것은 중요한 일입니다.

마릴린 프라이Marilyn Frye는 자연과 문화 사이의 양극성을 페미니스트 프로젝트의 관점에서 논한 바 있습니다. 그녀는 여성이 '결핍된 남성'이라는 개념을 넘어 '긍정적으로 다른 존재'라는 개념으로 이행할 필요가 있다고 주장합니다. 여기서 관건은 현재의 환경 범주들이 서로 중첩되지 않고 과연 포괄적으로 해석되느냐 입니다.

우리의 모든 먹이가 영혼이라는 사실을 무시할 수는 없습니다. 오직 영혼이 담기지 않은 먹이만 먹을 수 있다고 주장하면서 영혼이 담긴 먹이를 없애고자 하는 채식 제국주의자의 사례를 따르는 것은 제 생각에는 잘못된 일입니다. 우리를 먹이사슬의 바깥에, 죽음과 먹이에 담긴 호혜적 교환의 바깥에 두고, 이를 다른 문화에 강요하려는 것은 위험한 부정입니다. 이처럼 소외된 비거니즘은 데카르트의 이원론, 그리고 도덕 질서 구분과 직접적인 관련이 있습니다. 이

것은 문화를 의식과 동등한 것으로 대하고, 자연을 감정 없이 오로지 본능에 의해 지배되는 시계 장치와 동등한 것으로 대합니다.

바로 이러한 태도가 먹이를 그토록 악하게 대하게끔 만듭니다. 공장에서 사육되는 동물은 이미 영혼이 제거되었으며, 미래의 먹이로서 만들어졌습니다. 그 동물은 그저 생산 라인의 극치인 것이지요. 단지 고기일 뿐이고, 폄하된 것이자 하등한 물질일 뿐입니다. 우리는 우리가 영혼을 먹고 있다는 점을 인정할 수 없습니다. 만약 우리가 이런 시각을 통해 우리 자신을 바라본다면 우리의 먹이가 어떻게 이 장의 첫머리에서 게리 스나이더가 묘사한 것처럼 성스러워질 수 있을까요? 저는 이렇게 소외된 형식에 갇힌 채식주의 역시 그 사고방식의 산물이라고 믿습니다.

우리가 두 세계에 살고 있다는 생태의 핵심 메시지가 있는데도 환경 운동가 사이에는 이 문제를 둘러싼 수많은 갈등이 여전히 남아 있습니다. 저는 이 갈등이 우리가 두 영역을 연결하는 이야기를 제거했기 때문에 일어났다고 생각합니다. 우리는 자연과 문화 이야기가 합쳐지는 인간 생명의 주요 사건을 제대로 이해하지 못했기 때문에 그 이야기를 제거한 것입니다.

생태의 영역을 정의의 영역으로 받아들이지 않겠다는 고집 때문에 우리는 이러한 제국주의적 일면에 저항할 수가 없습니다. 우리는 감정과 특수성에 중요한 자리를 내어주는 윤리를 풍부하게 이해해야 합니다. 짐 체니Jim Cheney는 은유의 사용이 이론과 자아, 앎과 아는 자에 대한 새로운 개념을 도입하는 데 적합한 수단이 된 이야기를 보여주며, 이를 통해 발전할 수 있는 방법을 제안했습니다. 생태 영역에서의 정의에는 엄격한 규칙이 있고, 우리는 그 규칙을 수용하는 데 격한 거부감을 보입니다. 그 규칙은 아주 급진적 평등주의egalitarian의 틀로 이뤄졌습니다. 다른 존재가 당신을 원하지 않는 동안에 한해서만 당신은 그 작은 생명력을 누릴 수 있습니다. 이것이 바로 당신의 몸이 당신에게 소유되지 않는 헤라클레이토스적 규칙입니다. 개체적 정의의 틀에 대한 묘사는 거기에 없습니다. 그러나 인간적 정의 체계의 관점에서 볼 때, 이는 우리가 만물을, 즉 인간 그 이상의 세계를 같은 방식으로 다루어야 한다는 뜻은 아닙니다. 우리는 자연이기만 한 것이 아니고, '자연'의 상당 부분은 개별적 가치에 따라 작동합니다. 우리가 두 영역을 혼합할 수 없다고 가정하는 것은 잘못된 생각입니다. 오히려 적절치 않은 방법으로 두 세계를 혼합하는 것이 더 중대한 문제입니다. 적합한 방식으로 개체를 돌보고 대하는 다른 규칙을 만드는 것도 가능합니다.

예를 들어 우리는 악어가 우리 자신의 이야기와 유사한 방식으로 개체를 평가한다는 점을 알고 있습니다. 악어의 기준을 이 지역 공동체에 대한 존중과, 이 공동체를 번성하게 하는 더 큰 체계에 대한 존중의 표시로 채택하지 못할 이유는 없습니다. 저는 동떨어진 채식주의자가 하나 이상의 기준을 인정하지 않고, 그들이 동물 포식자를 다른 윤리 체계의 행위자라기보다는 단순히 윤리 바깥에 있는 존재로 이해한다고 생각합니다. 포식자를 윤리 바깥에 있는 존재로 보는 것은 그들을 윤리적 비행위자의 위치에 두는 것입니다. 그들을 우리가 제대로 대우하지 않는 어린이나 사회적 약자처럼 여기는 일입니다. 그렇지 않으면 그들은 한층 불리한 입장에 놓여 더욱 사악한 존재로 보일 겁니다.

~~~~~~~~

편집자의 알림 애석하게도 플럼우드는 이 장을 완성하지 못하고 세상을 떠났다.

2부

비인간 생명 존재와의 소통

4장　웜뱃 경야:
비루비를 기억하며

저와 함께한 웜뱃 비루비는 1999년 8월 18일 수요일쯤 잠깐 앓다가 세상을 떠났습니다. 저는 비루비가 몹시 그립고, 찬장 모퉁이와 베란다를 가로질러 돌아다니던 그의 사랑스러운 모습(혹은 '유령')이 여전히 제 눈길을 끕니다. 제 눈은 그가 죽은 후에도 한참 동안 달빛이 비치는 잔디 위에 있는 그의 모습을 계속해서 찾아다녔습니다. 비루비는 12년이 넘는 아주 오랜 기간에 제 삶의 일부였기 때문에 그가 이제 저를 기다리거나 맞이하지 않을 것이라는 사실을 믿기 어려웠습니다. 그는 결국 떠나간 것이지요.

우리는 며칠 후, 비루비를 위한 경야經夜를 치렀습니다. 경야를 치르겠다는 생각은 비루비의 죽음보다는 그의 삶에 주목하고, 그의 부재를 애도하기보다는 존재를 존중하려는 것이었으며, 비루비의 삶과 더 나아가 웜뱃의 삶에 고마움을 표현하고 그 삶을 기리기 위해서였습니다. 우리는 비루비를 위한 작은 의식을 치렀고, 비루비와 웜뱃에 대한 많은 이야기를 나눴습니다. 제가 해외에 있거나 호주 내 먼 지역에서 일할 때 비루비를 보살피는 데 도움을 준 많은 사람이 경야에 참석했고, 그들만이 나눌 수 있는 경험과 생각을 함께 나눴습니다. 경야는 울적한 행사가 아니었습니다. 비루비는 충만하고 온전한 웜뱃의 삶을 살았고 평온하고 위엄 있는 웜뱃의 죽음을 맞이했습니다. 세상을 떠나기 마지막 몇 개월 그는 안식처를 찾아 제 집에 와서 종종 불 앞에서 쉬거나 잠을 청했지만, 그의 마지막 시간에는 어머니 대지의 아늑한 흙주머니인 땅굴로 돌아갔습니다.

영양실조에 걸린 매우 연약한 고아였던 비루비는 야생동물 구조 서비스 센터를 거쳐 제게 왔습니다. 비루비의 어미는 아마 유럽인이 그들의 개와 더불어 가져온 병에 걸려서 죽었을 것입니다. 그 병은 많은 웜뱃이 어린 나이에 고통스러운 죽음을 맞이하게 만듭니다. 얼마 전 제 인간 아들이 세상을 떠났기에 비루비와 제 유대는 더 끈끈해졌습니다. ('북'이란 뜻을 지닌 비루비라는 이름은 구조 센터에서 그를 처음 구조한 구조자가 지은 이름인 듯합니다.) 비루비가 저와 함께 살기 시작했을 당시, 그는 한 살 정도였고 털은 났지만, 여전히 젖먹이 새끼였습니다. 비루비는 어미의 죽음으로 꽤 큰 충격을 받은 듯했고 간호가 절실해 보였습니다.

비루비는 어미로부터 훌륭한 웜뱃 교육을 받았습니다. 어미는 그에게 굴(혹은 저희 집처럼 굴에 상응하는 곳) 밖에서 배변하는 법을 가르쳤고, 미개간지에서 생존하는 법을 가르쳤습니다. 저희 집에 도착한 지 하루 만에 그는 집의 미닫이 유리문을 여는 법을 터득하여 (꽤나 자주) 원할 때마다 집 밖 수풀로 나갔습니다. 자신의 세계와 제 세계를 오가는 방법을 터득한 덕분에 비루비는 우리 사이의 균형을 능동적으로 결정하고 쌓아나갈 수 있었습니다. 그는 자신의 웜뱃다움을 온전히 유지하면서 제 세계로 들어올 수 있었습니다. 한편 비루비는 자신이 집 안에 있는 사람들의 신원을 명확히 확인할 때까지 그들을 경계했고, 집이 너무 소란스럽거나 불안하다고 느끼면 집을 나갔습니다.

이렇게 비루비는 아마도 서로 배타적이고 상호 대립적인 집의 세계와 숲의 세계 모두에 속하게 되었습니다. 첫 1년 동안은 많은 치료와 충분한 먹이 보충이 절실했기 때문에 비루비는 곧 집에 익숙해졌고 집이 제공하는 안락함을 어느 정도 받아들였습니다. 그러나 처음부터 집 문밖에서 자신이 선택하거나 손을 본 여러 개의 땅굴에 터를 잡았고 항상 그 세계를 선호했습니다. 자신의 숲속 땅굴에 자리를 잡고 나면 그는 개인적이고 도의적이면서 물질적인 지원을 받기 위해 저녁마다 한 시간씩 제 집에 찾아왔습니다. (저는 그의 간청에 따라 그가 머무는 방목지에 당근과 으깬 귀리를 채워 넣었습니다. 당근과 귀리는 웜뱃의 먹이 섭취에 근간이 되는 것이지요.)

첫해에 그는 일부 저녁 시간은 집 밖에서 보내고, 나머지 시간은 제 침대에서 저와 함께 보냈습니다. 비루비는 저와 만나는 시간을 잘 정리해서 지키기 시작했고 그 틀에서 좀처럼 벗어나지 않았습니다. (사실 웜뱃은 야행성이기 때문에 이 접촉 시간은 종종 제 수면을 방해했습니다.) 때때로 비루비가 제게 지나치게 많은 시간을 요구하거나 너무 말도 안 되는 시간에 찾아올 때면 저는 문을 잠가 그의 출입을 막았습니다.

비루비의 간절한 소망은 제 옆에서 자는 것이었지만, 그러려면 약간의 어려움이 따릅니다. 편안한 휴식을 원한다면 비루비를 침대에 들이기 전, 그의 몸에서 거머리와 진드기를 떼어내는 편이 현명했습니다. 제가 침대로 들어가면 비루비는 다가와서 제가 그를 침대 위로 올릴 때까지 침대 모서리를 맹렬하게 깨물기 시작합니다. 한번 침대에 올라오면 그는 보통 제 옆자리에 할당된 자기 자리에 누워서 금세 잠에 빠졌습니다. 비루비는 자는 동안 종종 이를 갈고 소리를 냈습니다. 그 소리는 그가 꿈속에서 경험하는 상상적 만남을 암시하는 것이겠지요. 그는 보통 두 시간 정도 자고 일어나 풀을 뜯어 먹기 위해 밖으로 나갑니다. (물론 저는 그가 열어놓은 문으로 혹시 위험하거나 적절치 않은 동물이 들어오지는 않는지 살피고 다시 문을 닫기 위해 일어나야만 했습니다.)

비루비는 문과 찬장을 능숙하게 열 수 있었기 때문에 집 안에 아무도 없을 때에는 그를 집 밖으로 내보내야만 했습니다. 비루비가 집을 살피는 감독관 없이 홀로 집에 들어왔을 때 어떤 일이 벌어졌는지에 관해서는 참 할 이야기가 많습니다. 비루비의 입놀림은 일품입니다. 그는 무언가를 다루거나 그것과 겨룰 때 입을 사용했고, 음식 포장을 뜯고 딱딱한 가구와 부드러운 봉제 물품을 물어뜯기를 즐겼습니다. 제 집의 쿠션과 의자, 스툴과 무릎 방석과 찬장 문에는 그가 남긴 입놀림 자국이 기념처럼 남아 있습니다.

비루비는 추격하고 숨는 다양한 게임을 즐기는 혈기 왕성한 선수였고, 기력을 회복하자마자 제게 이 게임들을 가르쳐주었습니다. 이 게임들은 놀이와 사랑, 전쟁의 특징을 한데 뒤얽혀 뒹굴게 하는 것처럼 보입니다. (물론 상당 부분이 불확실합니다.) 인간 기준에서 본다면 비루비는 꽤나 거칠게 놀았습니다. 하지만 그가 저를 해치려는 의도를 가졌다고 생각하지는 않습니다. 웜뱃이 당신을 잡을 때면 그가 특히 할퀴기 좋아하는 발목 부분에서 조금 더 거칠어지는 것뿐입니다. 그는 이기기를 기대하는 숙련된 선수로, 이기지 못하면 부루퉁해지기도 했습니다. 속임수의 효과도 배웠지요. 어렸을 때는 종일 게임하는 것에 행복해했지만, 다행히 나이가 들어가면서 그런 욕망이 조금 사그라졌습니다. 그러나 성체가 되어서도 여전히 게임을 좋아하고 유머 감각이 뛰어난 웜뱃이었지요.

저는 제가 비루비의 마음을 헤아릴 수 있다는 사실의 불가사의한 측면을 늘 의식하고 있었습니다. 크게 벌어진 만 사이에 다리를 놓는 듯한 감각은 관계가 선사하는 마법 중 하나였습니다. 너무나 다른 생명체와 친밀한 접촉을 가능하게 하는 것은 우리 종에게 구심적 역할을 하는 어머니와 아이의 관계, 그리고 그 윤리적 틀과 기대 안에서 서로 나눈 것들 덕분이라고 생각합니다. 이러한 종류의 관계는 필연적으로 소통적인 방식으로 나타납니다. 이러한 방식은 동물 행동을 설명하는 엄격하게 제한된 언어를 교란하고, 환원주의 과학의 객관적 이상인 비관계 또는 그와 유사한 주체 – 대상 관계가 허용하는 상호 작용을 교란합니다. 비록 그 응답에 담긴 의미와 복잡성, 특수성에 대한 당신의 가설이 광범위하더라도 그 관계와 맥락에 대한 당신의 지식과 과거의 상호 작용은 통상 다른 존재의 정신 과정과 태도에 관한 믿을 만하고 꽤나 명쾌한 이야기를 제안합니다. 그렇게 해서 당신은 부분적으로 공유된 세계에 대한 서사의 공동 출연자로서 그 존재와 계속 관계를 맺을 수 있게 됩니다. 비루비와의 관계가 칼날 위에 놓인 것처럼 느껴질 때도 있었습니다. 비루비가 자신의 힘을 시험하던 청소년기에는 특히 그랬습니다. 하지만 비루비가 성체가 되어가면서 우리의 관계는 덜 위태로운 형태를 띠게 되었습니다.

비루비는 다른 웜뱃과 마찬가지로 인간 의지대로 모양지어질 수 없는 유연하고 결단력 있는 동물입니다. 개와는 다릅니다. 그는 인간의 우월성이나 인간이 세계를 소유한다는 허위를 인정하지 않았습니다. 그는 자아에 대한 독립적인 감각을 가졌고 자신이 가진 인간과 동등한 지분과 자격을 인지했습니다. 웜뱃의 이런 완고함과 평등에 대한 감각은 웜뱃과 농부가 그토록 치열하게 갈등하도록 만드는 특징입니다. 하지만 제게는 이런 점이 멋지게 보였습니다. 진짜 다른 존재를 상대하고 있다는 의미였으니까요. 상대와의 접촉을 위해서는 당신의 방식뿐 아니라 그의 방식도 따라야만 했습니다. 인간 의지를 받아들이라는 훈육과 처벌과 훈련, 우리가 개를 다룰 때 사용하는 방식은 가당치 않았습니다. 그 방식들은 완전히 비효율적일 뿐 아니라 관계의 전체 기반을 위태롭게 만듭니다.

그가 결코 양보하지 않으리라는 점을 알아차리면 당신은 갈등을 피하거나 당신이 양보할 창의적 방법을 찾아 나섭니다. 비루비의 독립성이 좌절될 때면 그는 당연히 분노했습니다. 비루비는 집이나 텃밭에 들어가지 못해 성이 날 때 큰 소리의 불쾌한 톤으로 쿵쿵거리고, 종종 파괴적 방식으로 앙갚음했습니다. 현관 매트를 물어뜯거나 정원 입구 앞에 큰 구멍을 파놓는다거나 하는 방식으로 복수했지요. 웜뱃은 주로 풀을 먹기 때문에 비루비는 텃밭에 (당근을 캐는 것을 제외하면) 거의 해를 끼치지 않습니다. 비루비는 제가 전날 한 일 때문에 그 다음날까지 화가 난 경우가 몇 번 있긴 했지만, 대개 오랫동안 원한을 품지는 않았습니다.

굴을 파고 사는 웜뱃은 집이 제공하는 몇 가지 안락함을 좋아합니다. 한겨울에 비루비는 난로 바로 앞에 앉는 것을 좋아했습니다. (노년에는 그 앞에서 거의 잠을 잤습니다.) 그는 불에 매료되어 뜨거운 난로 유리에 아플 때까지 코를 들이밀었습니다. (그러지 말아야 한다는 것을 끝까지 배우지 못했지요.) 그는 엉덩이 문지르는 것을 유달리 좋아했고, 따뜻한 난로 앞에 서서 훈훈한 모퉁이에 달라붙어 궁둥이 비비는 일을 무척 즐겼습니다. 비루비의 성적 표현은 꽤 어릴 때 시작되어 생의 마지막 몇 년간 잠잠해졌습니다. 그는 쿠션에 성적으로 흥분했습니다. 15분간 격렬히 물고 뜯는 전희 후에 교미를 시도했습니다. 그는 특히 날씨가 따뜻한 몇 개월에는 상당 기간 자리를 비웠습니다. 저는 집에서 몇 마일이나 떨어진 곳에서 몇 번 우연히 그를 마주쳤습니다. 비루비가 웜뱃 연인들을 찾아갔던 것이리라 추측합니다. 제 추측이 맞는다면 그가 쿠션에게 했던 것보다는 그들을 더 잘 대해줬길 바랍니다.

웜뱃은 가족 무리를 형성하지 않고 혼자 다니기 때문에 저는 비루비의 수컷 라이벌인 클랜시Clancy를 제외하고는 그가 다른 웜뱃과 맺은 관계를 좀처럼 알지 못합니다. 클랜시는 비루비와 약 2킬로미터 떨어진 곳에 살지만, 먹이와 싸움을 위해 종종 그를 찾아왔습니다. 그는 비루비가 인간과의 관계에서 얻는 특권을 공공연히 부러워했고, 그 특권이 자신의 것(오직 자신만의 것)이길 원했습니다. 비루비는 어린 시절에 클랜시의 공격에 맞서야 했습니다. 그는 클랜시의 우월한 나이와 몸집, 싸움 기술에 용감히 맞섰습니다. 클랜시와 비루비가 겨루는 (높고 가혹하게 외치는) 전투 소리를 들었을 때, 바로 뛰쳐나가서 두 전투원을 갈라놓고 평화와 빛을 가져오려 했지만, 때때로 끔찍한 부상을 막기에는 역부족일 때도 있었습니다. 주로 비루비의 몸통에 상처가 남았습니다.

비루비와 클랜시의 불화는 웜뱃의 윤리 체계와 인간의 윤리 체계 사이의 고통스러운 갈등 속으로 저를 몰아넣었습니다. 클랜시가 분명히 바라던 것처럼 더 강한 자에게 호의를 베풀어야 할까요? 아니면 제가 그토록 애착을 갖는 '웜뱃 아들'을 돕고 지탱하기 위해 제 우월한 힘을 이용해야 할까요? 클랜시는 토착 거주자였기에 저는 이 문제가 어려운 도덕적 딜레마라는 점을 알아차렸습니다. 하지만 저는 결국 대부분의 인간 어머니들과 같은 방식으로 이 딜레마를 해결했습니다. 제게 가까이 있고 제게 소중한 이를 보호하겠다는 약속을 지키려고 노력하되 그의 적을 부당하게 대하지는 않는 것입니다.

비루비는 꾀가 많고 경계심이 강하며 억셌지만, 숲은 위험한 장소입니다. 때로는 문밖에 있는 것에 대한 비루비의 두려움이 역력했습니다. 저는 그를 보호할 수 없었고, 그렇기에 그가 집을 떠날 때마다 어쩌면 심하게 다치거나 다시는 그를 볼 수 없을지도 모른다는 점을 알았습니다. 그래서 비루비와의 관계는 기쁘면서도 고통스러웠습니다. 사랑하는 아이를 위험으로부터 보호할 수 없는 많은 어머니처럼 말입니다. 비루비는 개를 많이 두려워했습니다. 개는 다른 존재를 공포에 몰아넣는 것이 허용되고 심지어 권장 받기까지 하는 특권층 문지기 동물입니다. 제가 개를 키우는 사람의 집에서 점심을 먹으면 그는 일주일가량 제 곁에 오지 않으려 했습니다. (비루비 같은 예민한 야생 동물과 그들을 아끼는 자들에게 개가 어떤 공포와 위험을 야기하는지 깨닫는다면 사람들은 아마 개를 소유하고 제지하는 데 훨씬 더 신중할 것입니다.) 이런 태도는 잘 발달된 후각 지식을 소유한 자만이 보여줄 수 있습니다. 이 세상을 깊이 있게 이해하는 모습이지요.

저는 비루비가 생물학적 유전으로나 신념적으로나 온전한 의미에서 지적인 초식동물이자 채식주의자였다고 생각합니다. 저 역시 고기를 먹지 않는 사람이었기 때문에 고기 먹기에 대한 그의 의견을 관찰할 수 있는 기회가 흔치 않았습니다. 그 드문 기회는 한 친구가 놀러 와서 자기 개에게 뼈에 붙은 양고기를 먹이로 줄 때에 찾아왔습니다. 저는 비루비가 개가 고기를 먹은 장소를 꼼꼼히 살피고 냄새를 맡으며, 어느 정도 씹다 만 뼈를 조사하는 모습을 지켜보았습니다. 그는 온몸으로 공포의 징후를 보였습니다. 그는 개와 고기 냄새가 집 주위에 남아 있는 동안에는 굉장히 주저하면서, 그리고 매우 드물게 집에 찾아왔습니다. 또 한번은 제가 상처 입은 어린 까치에게 먹이를 주느라 신선한 다진 고기를 손에 올렸을 때, 그는 분명한 혐오감을 내비치며 제게서 물러서더니 고기가 풍기는 악취가 빠져나간 며칠 뒤에야

집으로 돌아왔습니다.

비루비의 생애 마지막 몇 년간 성적 표현이 줄어든 것은 노후의 여러 징후 중 하나였습니다. 그의 아름답고 부드러운 털이 회색빛으로 변하고, 게임과 놀이에 대한 관심으로 드러나던 에너지와 활기의 전반적 감소 역시 이러한 징후에 포함됩니다. 열세 살 비루비는 사람들이 본 돌봄 받은 야생 동물 중 가장 나이 든 웜뱃 중 하나 였습니다. 그가 그렇게 오래 산 것은 저희 집이 가장 가까운 도로에서도 5킬로미터나 떨어져 있었던 덕분이라고 봅니다. 자동차는 웜뱃을 죽이는 대학살의 주요 원인이기 때문입니다. 우리에 있는 웜뱃은 25년간 사는 것으로 알려져 있습니다. 비루비가 너무 빨리 늙었다면 드러나지 않은 질병이 진행되거나 어린 시절에 겪은 극심한 혹독함이 나타난 터일 것입니다.

기본적으로 야생동물이자 자유롭고 경계심이 강한 웜뱃을 이토록 친근하고 풍부하게 알 수 있게 된 것은 굉장한 특권이었다고 생각합니다. 우리의 관계는 야생적인 것과 길들여진 것, 숲과 집, 비인간과 인간, 자연과 문화 사이의 통상적인 경계를 가로지릅니다. '문화' 세계는 정체성이 인간에게 동화되고 인간의 의지와 관심사와 기준에 순응하는 인간화된 세계로 이해됩니다. 이 세계에서 '좋은 개'는 인간 문화의 일부고, 개는 자신만의 방식을 유지하는 동등한 일원으로서 상호작용하기보다는 인간의 지배와 방식을 받아들이도록 훈련됩니다. (물론 개의 사회적 시스템이 이 방식을 가능케 하는 것이지만, 그럼에도 이러한 방식을 설정하는 것은 여전히 인간입니다.) 반면 서양에서 우리는 주로 '멀리 떨어진' 과학의 도구적이고 환원주의적인 틀을 통해 '자연' 세계를 보려 하고, 이러한 과학은 개인의 고도로 발달한 돌봄 관계에 담긴 풍부한 개인적 지식의 정당성을 박탈하려 합니다.

제인 구달Jane Goodall과 같은 여성들에 의해 혁명적 형태의 동물행동학이 우리에게 적확하게 새로운 통찰력을 선사한 것은 결코 우연이 아닙니다. '자연'과 '문화'의 틀은 우리의 방식만 인정하고 동물과의 깊은 개인적 접촉 가능성을 배제합니다. 비루비는 접촉과 우정에 대한 자신의 조건을 정립한 '야생에 친숙한' 존재였습니다. 자연/문화 경계를 넘는 그리하여 우리 문명을 구성하는 접촉의 형태를 탐구하는 것은 엄청난 설렘이었습니다. 숲길을 따라 비루비와 나란히 걷고, 제 책상 앞에 앉아서 숲에 거주하는 웜뱃이 난로 옆의 안락의자에 앉아 있는 모습을 바라보는 것은 참으로 매혹적이었습니다. 어린아이의 상상이나 이야기 같은 매혹이었습니다. 비루비, 너는 그 경계를 넘어서는 용기와 자유를 보여주었단다. 그런데 우리는 어떤가요?

　비루비, 어서 와. 그리고 잘 가렴Ave atque vale, Birubi. 우리는 너를 기억할 거야.

5장   베이브,
말하는 고기의 이야기

1부

"조금 수줍어 보이는구나. 자, 네게 양고기 다리를 소개하지."
붉은 여왕이 말했다.
"앨리스, 이쪽은 양고기다. 양고기, 이쪽은 앨리스다."

그러자 접시 안에 있던 양고기 다리가 벌떡 일어나
앨리스에게 고개를 숙여 인사했다.
앨리스는 즐거워해야 할지 두려워해야 할지 모른 채
자신 역시 고개를 숙여 인사를 건넸다.

"한 조각 드릴까요?" 그녀는 나이프와 포크를 들고
두 여왕을 쳐다보며 말했다.

"물론 아니다." 붉은 여왕이 단호하게 말했다.
"소개 받은 자를 베는 것은 예의가 아니다.
고기를 치워라!"
— 루이스 캐럴, 『거울나라의 앨리스』 중에서

편견 없는 마음

가장 억압 받는 주체들을 한데 모아 그들의 상황을 효과적이고 변형적으로 표현한 예술 작품에 누군가 매년 상을 수여하면 좋겠습니다. 이러한 예술 작품은 억압 받는 주체들에게 과연 무슨 일이 벌어지는지 관객의 관심을 유도하고, 그 억압을 유지하는 데 관객 자신이 어떤 역할을 수행하고 있는지 이해하게 만듭니다. 또한 억압 받는 집단의 주체성과 창조성에 대한 인식을 고취하고, 이들을 향한 존중과 문화적·물질적 자원을 재분배할 필요가 있다는 의식을 일깨웁니다. 이러한 작품에 주는 상은 무엇보다도 억압 받은 주체들을 보호하고 지지하는 데 도움이 됩니다. 만약 이들이 관습적 시각에서 근본적으로 배제된 대상으로 여겨진다면 이 상은 그처럼 폭력성 짙은 인식을 훼방합니다. 이처럼 배제된 대상의 예로는 인간과의 소통 가능성이 허락되지 않은 존재 혹은 우리에게 혐오나 불안을 유발하는 방식으로 재현된 존재들이 있습니다.

만약 그런 상이 있다면 제가 추천할 작품 중 하나는 영화 〈베이브〉입니다. 저는 이 영화를 보기 전까지 우리 사회에서 가장 억압 받는 존재인 고기 돼지meat pig에게 기꺼이 그런 폭력적 행동을 취할 수 있는 대중을 상대로 극히 성공적인 영화를 만드는 것이 과연 가능한지 의심했습니다. 영화가 이러한 성취를 이룰 수 있었던 것은 아동과 성인의 경계를 성공적으로 교란했기 때문입니다. 영화는 성인이 동물에 대해 마음을 열고 그들을 향한 연민을 나눌 수 있는 공간을 만들었습니다. 통상 이런 개방성과 연민은 아동에게는 허용되지만, 성숙한 성인에게는 허락되지 않는 것이었습니다. 이와 같은 특징은 영화의 원작인 딕 킹 스미스의Dick King-Smith의 아동문학 수상작 『양치기 돼지』와 마찬가지로[1] 관객이 돼지에게 놀라울 만큼 '편견 없는 마음'을 여는 데 성공하도록 만든 장치 중 하나입니다. 영화 속 화자가 오프닝 장면에서 꺼낸 첫 문장에는 이 '편견 없는 마음'이 자리 잡고 있습니다.[2] 이 영화가 철학적으로 흥미로운 것은 고기 개념에 대한 문제를 제기할 뿐 아니라 윤리적이고 정치적인 질문을 함께 제기하기 때문입니다. 이 질문은 탈식민주의 이론에서 제기되는 질문들과 상당히 유사합니다. 예컨대 고기인 동물과 고기가 아닌 동물은 어떻게 구분되는가, 절대 '고기'가 될 수 없다고 여겨지는 특별하고 특권적인 '애완'동물과 사람이 맺는 계약의 역할은 무엇인가라는 질문이 이에 해당합니다.

영화 〈베이브〉의 주요 주제는 동물이 가진 소통적 지위에 대한 거부로 옮겨가며, 영화는 인간과 동물의 관계에 대한 철학적 설명에 상당한 관심을 보입니다. 이 이야기는 소통에 대한 편협한 합리주의적 설명이 부적절하다는 문제를 제기합니다. 나아가 동물의 소통에 대한 재현과 의인주의 anthropomorphism 혐의, 그리고 고기를 소통적 주체로 인식했을 때 드러나는 모순과 역설의 문제를 제기합니다. 이를 통해 영화는 소통적 지위에 관해 생각해볼 풍부한 맥락을 제공하는 것입니다. 〈베이브〉는 철저한 타자성의 영역으로 타자를 강등하는 일종의 편견을 반복적으로 문제 삼습니다. 이 타자성의 영역은 이성의 결핍과 기계적 환원, 그리고 소통적 지위에서의 배제로 특정지어지지요. 돼지 베이브는 그가 **고기**로 좌천된 동물이고 그가 '뭔가를 이해하기에는 너무 멍

---

1   Dick King-Smith, *The Sheep-Pig*, Harmonsworth Middlesex, Puffin Books, 1983.

2   〔옮긴이 주〕 영화는 공장형 돼지 축사에서 어미젖을 힘차게 빨고 있는 새끼 돼지들을 보여주며 시작한다. 이때 영화 속 화자는 "이 이야기는 편견 없는 마음에 대한 이야기이자 그것이 어떻게 우리 마음의 골을 영원히 변화시켰는지에 대한 이야기입니다. 얼마 전까지만 해도 돼지는 다른 돼지로부터가 아니면 그 누구에게도 존중 받지 못했습니다. 그들은 한평생을 잔혹하고 햇볕도 들지 않는 세상에서 살았습니다."라고 말하며 돼지가 처한 상황을 설명한다.

청하다'는 가정을 깨트립니다. 아울러 영화는 양치기 개 플라이Fly가 양들의 대화를 '형편없는 것, 그러므로 그녀가 절대 귀 기울이지 않는 것'이라고 묵살하는 것을 문제 삼습니다. 동물의 소통적 지위에 대한 거부는 경기장과 같습니다. 수많은 인간에게 영향을 끼치는 폐쇄 전략과 배제 전략이 개발되고 완성되는 결정적이며 구성적인 경기장이지요. 이런 관점에서 〈베이브〉는 인간과 비인간에게 영향을 미치는 폐쇄 전략에 대한 폭넓은 통찰력을 보여줍니다.

영화는 또한 인간과 비인간 생명 형태에 모두 중추적 소통의 덕목과 특징에 대한 인식을 일깨웁니다. 또한 폭력과 지배와 테러에 기초한 관계에 승리를 거두는 대안으로서 소통적 관계 형태가 출현하는 모습을 보여줍니다. 영화는 소통 형태의 윤리적이고 정치적인 모호성을 탐구하지는 않습니다. 이러한 모호성에는 그것이 시사하는 것보다 훨씬 억압과 더 잘 양립할 수 있다는 위험이 도사립니다. 또한 이는 억압적 가부장제 모델을 지배 주체master subject에 기초한 패권적 모델로 대체하는 일과 연관됩니다. 예를 들면 자유민주적 정치의 특정 형태에서 그러하듯이 말입니다. 그러나 드라이젝Dryzek과 제가 주장했듯[3] 우리가 자연과 동물과 맺는 관계에서 나누는 소통적 모델은 타자의 행위성에 둔감해지도록 우리를 부추기고 그들에 대한 우리의 의존성을 부인하도록 권장하는 지배적 기계 모델보다 지금의 이 어려운 시기를 살아나가게 할 더 나은 기회를 제공하는 것 같습니다. 영화 〈베이브〉는 우리 시대에 중요한 모델 사이의 갈등을 아주 유용한 방식으로 확고히 합니다.

그렇지만 제가 영화를 보러 간 첫 번째 이유는 제가 걸린 향수병과 더 관련 깊습니다. 저는 오랜 기간 호주를 떠나 있었습니다. 영화는 제가 살았던 집 근처의 주에서 촬영되었습니다. 저는 다시 한번 덤불이 내는 소리를 듣고 싶었습니다. 작지만 강렬하게 기억을 불러일으키는 울음소리, 특히 거의 모든 사운드트랙에 배경으로 깔려 있던 토착 새와 개구리의 울음소리를 말입니다. 이 소리는 당신이 알지 못하는 사이에 당신에게 다가와, 애착을 가진 장소를 강렬하게 갈망하게 만듭니다. 하지만 제가 어두운 영화관에 앉았을 때, 저를 울게 만든 것이 하나 더 있었습니다. 지배 문화의 전통이 자연과 동물을 상대로 이성적 인간 지배를 펼칠 때, 저 자

---

3 John Dryzek, *Discursive Democracy*, Cambridge, Cambridge University Press, 1990 and Val Plumwood, *Feminism and the Mastery of Nature*, London, Routledge, 1993.

신도 여기에 공모했다는 점이 정말 수치스러웠고 슬펐습니다. 지배 문화는 이성의 지배 영역 아래에 있다고 간주되는 다른 모든 것에도 이러한 지배를 자행했습니다. 영화 〈베이브〉의 매우 효과적 오프닝 장면은 돼지 베이브가 그저 살아 있는 고기로 취급 받는 집약형 돼지 농장의 끔찍한 잔인성을 보여주었습니다. 그리고 우리는 이 농장에서 이야기를 이끄는 주체인 베이브를 만나게 됩니다.

저는 그 당시 미국에서 두 번째로 비육돈 생산량이 많은 주에 살고 있었기 때문에 지옥 같은 돼지 농장의 전경은 제게 통렬한 비애와 특별한 힘을 선사했습니다. 노스캐롤라이나주에서 야외 동물 농장을 찾아보기란 어려운 일이었고, 많은 강과 강어귀는 공장식의 집약형 사육 농장에서 발생한 독성 물질 유출로 심각하게 훼손되거나 피해를 입었습니다. 미국에 위치한 수많은 돼지 '도살 시설'은 실로 거대합니다. 그곳에서는 주로 교도소의 수감자들을 고용합니다. 하루에 최대 1만 5,000마리의 돼지를 도살하는 거대 시설의 살처분장에서 일하는 사람들의 노동은 너무나 끔찍하고 보수도 형편없어서 노예처럼 교도소에서 차출되는 노동력이나 계약 이민자들처럼 다른 형태의 절망에 의해 강제된 노동력만이 겨우 그 일을 이어나가고 있습니다. 강제 수용소들도 일부

수감자를 고용하여 다른 사람들을 조직하고 투옥하며 처형한 바 있습니다. 돼지에 대한 대우와 수감자에 대한 대우는 공통점이 많습니다. 강제 노동 수용소gulag에서 일어나는 강력한 분리는 중산층이 자신의 평안하고 잘 정돈된 삶과 추악하고 폭력적인 현실 사이에 숨은 연관성이 있다는 사실에 직면하지 않도록 해줍니다. 돼지 농장과 수용소가 그러합니다. 돼지와 수감자의 발화는 지워지거나 위법화되고 이들은 살아 있는 고기로 환원됩니다. C. 스톤 브라운C. Stone Brown이 주장하는 것처럼 "아프리카계 미국인은 수익성 있는 '교도소 산업'을 유지하는 육체입니다."[4] 규율 민주주의가 대규모 투옥을 정상화하고 우리 중 더 많은 사람이 수감자나 사육사가 되면서 인간 수감자와 비인간 수감자의 운명은 하나로 수렴하고 있습니다.

영화 〈베이브〉의 악몽 같은 오프닝 장면은 도처에 있지만, 우리의 사유와 시선에서는 추방된 추악한 수용소의 현실을 보여주었습니다. 겉으로는 말끔하게 설립된 것처럼 보여서 동물해방운동조차 이러한 수용소를 일반적으로 여기며

---

4 C. Stone Brown, 'Prison Guards Fund Governor for Presidential Race', *Z Magazine*, Sept/October 1995.

심각하게 이의를 제기하지 않습니다. 이러한 상황에서 그 누가 새끼 돼지의 곤경을 외면할 수 있겠습니까? 그 누가 감금된 동물들의 비참함을 그다음 장면이 보여주는 과도한 특권을 누리는 인간의 소비적 쾌락과 비교하지 않을 수 있겠습니까? 바로 이 지점에서 영화는 우리로 하여금 어지러운 속도로 동물과 인간 주체의 중요한 경계를 횡단하게 만들었습니다. 그 속도는 너무 빨라서 평소 우리가 사용하는 거리 두기 방어술은 개입할 틈이 없었습니다. 인간은 중요하고 돼지는 중요하지 않다고, 두 주체는 결코 비교될 수 없다고 되뇔 시간이 없었습니다. 누가 돼지의 비참함을 인간의 쾌락과 비교하지 않을 수 있을까요? 어미 돼지가 자식으로부터 찢겨나가고 가축 떼가 돌아올 수 없는 그 끔찍한 밤의 여정에 갇히는 것을 보고, 이를 강제 수용소와 가스실에 대한 사유와 연관짓지 않을 수 있는 사람이 누가 있겠습니까?

이 질문에 대한 대답은 물론 '제법 많은 사람'입니다. 많은 사람이 동물 혹은 동물 해방을 이 영화의 주제로 보지 않았습니다. 일부 평론가는 이 영화가 당신이 충분한 결단력과 의지를 갖고 있다면 어떻게 성별과 계급의 경계를 넘나들 수 있는지, 어떻게 범주를 파열해 당신이 원하는 모든 것, 심지어 돼지로서 양치기 개까지 될 수 있는지를 보여주는 영화라고 생각하는 것 같습니다. 이는 영화를 개인의 책임감과 개별적 보상, 근면 성실에 대해 이야기하는 것으로 보는 해석입니다. 다시 말해 영화를 정교히 다듬어진 후기 근대의 신자유주의적 동물 농장의 알레고리로 읽어내는 것입니다. 물론 영화는 관습이 강요하는 틀에 머물지 말라는 이야기를 인간 청중에게 건넵니다. 하지만 여기서 더 중요한 메시지는 비인간을 감금한 위계를 무너트리는 일과 관련됩니다. 이처럼 어떻게 동물이 영화의 진지한 주제가 될 수 있는지 깨닫지 못하는 것은 동물의 지위가 인간의 주체성과 중대성 아래에 할당되었음을 암시하는 하나의 지표입니다. 그 주체성과 중대성이란 베이브가 건네는 말하는 고기의 이야기를 듣지 않기 위한 효과적 방어 수단이지요. 영화에서 돼지 베이브는 우리 사회에서 가능한 한 가장 실추된 주체의 위치, 즉 고기의 위치에서 말하고, 우리는 그 위치에 있는 존재들의 말을 차단하고 듣지 않을 전략을 고안해냈습니다. 이런 종류의 전략 없이는 돼지·인간 수용소 시스템이 기초하는 고기 관행을 이어나갈 수 없기 때문입니다. 이 영화의 가장 훌륭한 강점 중 하나가 바로 이러한 역설과 차단, 제거에 도전하도록 우리를 초대한다는 것입니다.

말하는 고기의 역설

영화는 공장식 농장을 비추는 오프닝 장면에서 새끼 돼지 베이브를 중요한 서술적 주체로 소개합니다. (이 점은 영화 속 다른 표현 중 특히 사운드트랙에서 두드러집니다.) 영화는 실제 새끼 돼지들이 [어미 품에 다른 새끼 돼지들과 함께 기대어 이들과 교감하다가] 잠에서 깨어나는 모습을 보여주며 시작합니다. 이 장면은 이 고기 주체 중 하나가 어미를 잃은 그/그녀[5]의 슬픔, 그리고 낯선 사람들에게 붙잡혀 경품 추첨에 끌려가는 두려움을 표현하는 장면으로 이어집니다. 그의 어미가 트럭에 떠밀려 넣어질 때 베이브는 자신이 느끼는 슬픔을 재빠르고 자연스럽게 말로 토해내서 동물은 자신을 표현할 수 없다고 단정하는 우리의 흔한 가정이 완전히 뒤집혔다는 점을 우리는 전혀 눈치채지 못합니다. 이 고기 동물은 우리에게 표현적이고 서술적인 주체로 제시됩니다. 고기가 말을 하고 있다는 것이지요. 여기에는 몇 가지 분열이 있습니다. 즉각적으로 분리된 것은 데카르트의 기계-동물 모델[6]로, 이 지배적 모델은 공장식 농장에서 동물의 존재론적 현존, 정신적인 것에 가깝고mind-like 소통적 특징이 완전히 부정 당하도록 만듭니다. 농장에서 동물의 모든 생명은 인간

식욕에 봉사하는 기능으로 정의되고 이 때문에 왜곡됩니다. 고기 개념은 기실 말하는 위치를 말끔히 지워버리기 때문에 우리가 표현적이고 서사적인 주체로서의 고기를 만날 가능성은 전혀 없습니다. 우리가 영화에서 마주한 말하는 고기 베이브 개념에는 이와 같은 역설이 담겨 있습니다.

고기 개념에 대한 탐구는 '분류학'이 어떻게 존재론과 윤리를 연결하는지 이해하는 데 유용한 길을 내어줍니다. 대상을 재현하는 어떤 전략들은 그와 윤리적으로 연관된 지각의 폭을 좁히고, 그 상황의 중요한 윤리적 차원을 지워버립니다. 때로는 타자에게 억압적 형태의 정체성을 내면화해서 그들 스스로 억압에 공모하게 만듭니다. 그런 방식으로 억압을 정상화하는 것입니다. 캐럴 애덤스Carol Adams가 주장하

---

5 나는 베이브가 남성적 대명사를 취한다고 가정한다. 이는 킹 스미스가 1983년 작품에서 그렇게 사용하였기 때문이다. 하지만 영화 속 베이브의 성별은 모호하다.

6 〔옮긴이 주〕 데카르트는 정신으로 대변되는 이성과 영혼을 가진 인간과 달리 동물은 자동 장치로서의 기계에 불과하다고 주장했다. 그에 따르면 기계와 같은 동물은 인간처럼 섬세한 감정이나 자기 표현, 쾌 혹은 불쾌의 감각이 불가능하다. 이처럼 동물의 지위와 이들이 겪는 고통을 부정하는 데카르트의 기계–동물 모델은 이후 동물에 대한 잔혹한 실험과 해부, 사육과 살육을 정당화하는 이론적 토대로 활용되기도 했다.

듯이 고기 개념은 죽음에 대한 책임을 감추고, 동물의 죽음과 고기 생산 사이의 인과적 연관성을 숨김으로써 억압을 정당화합니다.[7] 애덤스는 추상적으로 상품화되고 정량화된 고기 개념이 이러한 연관성을 배경화하고 삭제하거나 부인하는 것을 '부재 지시 대상absent referent'이란 용어로 설명합니다. '부재 지시 대상'은 고기를 상품으로 만드는 살생 행위뿐 아니라 고기와 그것을 소비하는 자 사이의 관련성까지 인식하지 못하게 만드는 복잡한 분리 과정을 포괄합니다. 이러한 목적을 달성하기 위해 고기 개념은 과정과 생산물, 정신과 몸, 우리와 그 사이에 중대한 분리를 만들거나 급진적 배제를 가합니다. 부재 지시 대상은 첫째, 우리의 의도로 시작된 고기 제작 과정과 상품화되어 정량적으로 파악할 수 있는 최종 산물(고기)과의 연관성을 부정하는 급진적 분리를 수반합니다. 부재 지시 대상은 둘째, 그 과정을 수행하는 존재의 주체성을 희생자의 주체성과 근본적으로 분리합니다. 이를 통해 두 존재가 사회적으로 연관되고 목적을 지닌 소통적 존재로서 서로 친족 관계라는 점을 부인합니다. 이 과정에서 희생자는 그저 살로서만 축소되어 표현됩니다. 킹 스미스의 원작에서 지혜로운 늙은 양 마Ma는 "당신은 우리를 봅니다. 그리고 당신은 양갈비를 봅니다."라고 말하지요.

현대 산업사회에서 고기를 상품으로 개념화하는 세 번째 배경은 인간 소비자가 자신 역시 고기 형태로 취해질 가능성을 부인하는 데에서 비롯됩니다. 이러한 부인은 용도의 위계화, 즉 종 사이의 정신 역량과 소통 역량에서 마땅히 인간을 최상위에 올려둔 위계와 연관됩니다. 이 가정은 말하는 고기를 상정하지 못하는 것만큼이나 '인간 고기'라는 관념을 감히 결코 생각할 수 없는 것으로 만듭니다. 고기의 개념은 하나의 생명 유형입니다.[8] 이 생명의 유형에서 분류 체계는 우리의 도덕관을 구조화합니다. 그 구조화 방식은 분류 체계가 드러내거나 부인하는 윤리적이고 인식론적인 가능성을 거쳐 만들어집니다.[9] 배경에서 일어나는 이러한 일련의 부인은 타자를 도구적 관점에서 표현하게 만듭니다. 마릴린 프라이는 이를 오만한 관점을 갖는 것이라고 규정했습니다. 오

---

7 Carol Adams, *The Sexual Politics of Meat*, New York, Continuum, 1994.

8 Ludwig Wittgenstein. *Philosophical Investigations*, Oxford, Blackwell, 1954.

9 이 점이 바로 어째서 적합한 환경 윤리와 비인간중심적인 윤리를 획득하는 과제가 평등한 대우의 추상적 원칙을 명확히 하여 그 원칙을 비인간 존재에게까지 확장하는 것과 동등한 것으로 간주되면 안 되는지에 대한 이유다. 인간중심적 분류학은 그것이 아무리 포괄적이더라도 언제나 추상적 도덕 원리를 몰아낸다.

만한 관점을 가진 사람은 "만물을 그들 자신과 그들의 관심사에 따라 바라보고 조직합니다."[10] 이 경우에는 강력한 도구적 환원주의의 방식으로 다른 존재를 그 존재의 한 부분, 즉 우리가 살로서 이용하는 한 부분과 동일시하는 것이지요. 반면 우리는 우리의 주체성을 부인하거나 억압하기보다는 강조하는 관점을 취함으로써 자신을 인간으로 규정합니다. 이때 우리 정체성이 지닌 신체적 특성은 배경으로 물러나고, 고기와 동일시된 존재들은 근본적 타자가 됩니다. 우리는 결코 우리 자신을 고기 범주에 포함할 수 없을 뿐 아니라 고기로 여겨지는 존재들에게 우리를 내어줄 수도 없습니다.

이런 식의 이해는 모두 부당합니다. 소통하는 윤리적 존재가 이러한 소통적·윤리적 특성과 지위를 체계적으로 거부 당하는 방식으로 인식되는 것은 부당하지요. 이 존재들이 환원적으로, 단지 몸으로 인식되는 것은 과연 부당합니다. 그 부당함은 첫째, 이와 같은 이해가 대상을 실제보다 근본적으로 축소하여 취급한다는 데서 나옵니다. 둘째, 이러한 도구적 환원주의는 타자를 그보다 '더 높은' 집단의 목적을 위한 자원으로 취급하는 데 정당성을 부여하는 방식으로 타자를 정의 내리기 때문에 부당합니다. 이렇게 인식된 동물은 (고기 소비자인 인간의 본성과는 불연속적인 본성을 지닌 근본적으로 다른 존재로서) 급진적 배제의 대상이 되고, ('익명적 집단성'에 빠진 고기 형태로서) 동질화의 대상이 됩니다. 고기 개념에 담긴 급진적 배제의 측면은 인간과 인간이 취하는 '고기' 사이의 친족 관계를 인정하지 않고 오히려 둘 사이의 개념적 거리 혹은 경계를 생산하여 그들에 대한 연민을 차단합니다. 또한 그렇게 지정된 존재와 인간이 동일시될 위험을 줄이고, 소통적 존재인 그들을 침묵하게 만듭니다. 고기 개념의 환원성은 이 부당함을 알아채지 못하게끔 설계된 개념적 전략을 은밀히 승인합니다. 이때 말하는 고기 개념이 자아내는 혼란은 그 개념 주위에 아직 남아 있는 역설의 맛을 자원으로 삼습니다.

우리는 고기를 상품으로 취급하는 산업사회의 제도적 부당함, 그와 연관된 개념적 부인denial 전략을 취하는 도덕적 회피와 비겁함을 목도합니다. 하지만 그렇다고 하여 보편화된 채식주의를 대체할 만한 도덕적 대안이란 없다고 결론지을 수는 없습니다. 비인간 존재를 소통적 타자로 인식하는 것과 먹이로 인식하는 것 사이의 긴장을 해소할 수

---

10 Marilyn Frye, *The politics of reality*, New York, The Crossing Press, p. 67.

있는 윤리적으로 문제가 더 적은 방법이란 없다고 결론 내릴 수 없습니다. 우리의 생명은 복잡한 생물학적 교환 안에서 지탱되고, 우리는 모두 다른 존재의 희생을 통해 자양분을 얻을 수밖에 없습니다. 헤라클레이토스식으로 표현하자면 우리는 '다른 존재의 죽음으로 살고, 다른 존재의 생명으로 죽는다.'는 것이지요. 샤그바크 힉코리Shagbark Hickory는 이 교환에 담긴 도덕적 복잡성과 곤혹스러움을 거부하지 않는 대안적이고 비환원적인 관점을 개략적으로 설명합니다.

대부분의 또는 모든 아메리카 원주민에게 먹이는 친족입니다. 동물뿐 아니라 식물 역시 그러합니다. 한편으로는 먹이이고, 다른 한편으로는 친족인 동식물과의 관계는 긴장을 조성합니다. 이 긴장은 신화적으로, 의례적으로, 의식적으로 다뤄지지만, 결코 부인되지는 않습니다. 이 관점은 우리가 이 생에서 연루되어 있는 딜레마를 인정하고, 나쁜 믿음과 도덕적 우월성 혹은 자기 기만을 취하는 길을 거부하는 것입니다. 이러한 거부는 우리와 먹이가 맺는 관계에 대한 급진적인 도전으로 여겨집니다. 끝까지 내려가서 고려한다는 아메리카 원주민의 관점은 우리가 서구에서 본 것보다 훨씬 더 정교한 반응을 요구합니다. 서구는 외집단을 만들기 위해 도덕적 고려에 선을 긋거나 특정한 경우에 사실상의 외

집단을 만들어내는 고려의 위계를 구성하니까요.[11]

여러 형태의 채식주의는 더 많은 외집단을 만들어내는 서구의 급진적 배제와 부인 전략에 갇힌 채 그저 타자성의 분계선을 다른 장소, 즉 인간성이 아닌 동물성의 경계에 다시 그리고 있을 뿐입니다. 반면 인간 생명의 중요한 철학적 문제를 '우리의 먹이는 모두 영혼이다.'라고 바라보는 원주민의 인식은 먹이에 대한 비환원적 이해와 실천을 시사합니다. 이것은 힉코리가 서구의 고기 개념이 함의하고 있다고 파악한 '나쁜 믿음과 도덕적 우월성, 자기 기만'의 도덕적 결함을 해결합니다. 그러나 비트겐슈타인적 관점에서 먹이에 대한 대안적 이해가 다른 '삶의 형식'의 일부를 형성하고 있는 한, 그러한 이해가 현대의 산업적 생활과 상품화된 먹이 관계의 맥락 안에서 실질적으로 혹은 개념적으로 쉬이 적용될 리는 없습니다. 반대로 상품 사회의 맥락에서 타자를 향한 불의와 공모하는 것을 가장 최소화하는 방책이 채식주

---

11 Shagbark Hickory, 'Environmental Etiquette/environmental practice: American Indian Challenges to Mainstream Environmental Ethics', in Max Oelschlaeger ed. *The Company of Others: Essays in Celebration of Paul Shephard*, Durango, Colorado, Kivaki Press, 1995.

라고 가정할 수 있습니다. 그러나 그 가정이 채식주의를 모든 상황의, 모든 이에게 보편적 도덕 요건이라고 바라보는 유럽 중심적 결론의 근거가 되지는 않습니다.[12]

말하는 고기의 역설은 특정한 사회적 맥락의 산물이자 그 맥락에서 가장 크게 드러나는 도덕적 결함의 강력한 징후입니다. 먹이에 대한 도덕적 딜레마를 다루는 서구의 해법은 도덕적 이원론을 만드는 것이고, 이는 윤리적 고려를 누릴 자격이 있는 존재와 그렇지 않은 자 사이의 뚜렷한 단절을 수반합니다.

앞서 살펴보았듯이 말하는 고기는 우리에게 환원주의와 부인, 침묵에 바탕을 두는 도덕적 이원론과 불연속성의 방식에 맞서라고 요청합니다. 우리 문명은 도덕적 이원론의 창조를 지향함으로써 우리의 기술적 우위를 유지하는 것일지도 모릅니다. 도덕적 이원론은 혹여 제거되지 않는다면 발전을 저해할 수 있는 존중이라는 제약을 없애버리고, 우리의 윤리적 실천을 부패시키는 주요 원천으로 남아 있습니다. 도덕적 이원론이 제시하는 침묵의 해법은 인간적 특성이 상대적으로 적다고 여겨져 분류되는 인간 집단으로 확장될 위험이 항상 있습니다. 실제로 우리는 이번 세기에 그와 같은 확장이 여러 번 이루어진 것을 보았지요. 침묵의 가능성은 어떤 인간 사회에서든 늘 존재합니다. 그렇지만 인간 사회보다는 먹이에 고착된 이원론적 모델이 이 침묵을 더욱 강화합니다.

소통적 모델

동물을 상품으로 환원하고 환원의 구체적 동기와 방식을 포괄하는 가장 중요한 모델은 바로 데카르트의 기계론적 환원입니다. 이 모델은 비인간 동물을 그것의 몸으로 환원하고, 동물이 인간처럼 정신과 의도를 지닌 소통적 존재라는 점을 인정하지 않습니다. 철학자 메리 미즐리Mary Midgley와 바바라 노스케Barbara Noske[13]는 근대의 상품화된 고기 개념에 내재한 도덕적 결함이 데카르트의 합리주의적이고 기계론적

---

12 비트겐슈타인의 1954년 저작을 참조하기 바란다.

13 Margaret Midgley, *Animals and Why They Matter*, London, Penguin, 1983 and Barbara Noske, *Humans and Other Animals*, London, Pluto Press, 1989.

인 모델에서 철학적 조상을 찾는다고 지적했습니다. 근대성과 비인간 세계의 관계에서 동물에 대한 합리주의적·기계론적 모델은 매우 핵심 부분입니다. 그 합리성은 고기처럼 환원적 개념과 공장식 축산 농장의 관행에서 나타납니다. 기계론적 모델은 비인간에게는 정신과 같은 속성이 없다고 부정함으로써 그들의 소통 가능성을 지워버립니다. 도구적 합리성과 조작의 이상은 소통적 이상과 상충합니다. 타자를 소통적 주체로 간주하는 개념과도 다툼을 벌이지요. 영화 〈베이브〉는 공장식 축산 농장의 기계론적 모델과, 영화가 궁극적으로 입증하는 인간/동물 관계의 소통적 모델 사이의 갈등에 우리를 대면하게 만듭니다. 이 대안적이고 소통적인 모델은 영화에서 호겟Hoggett 가족이 운영하는 농장이라는 대항 공간에서 낭만적으로 묘사됩니다. 이곳은 과거 고기로 취급 받던 동물 베이브가 관습에 얽매이지 않는 역할을 맡도록 용인하고, 베이브와 양 사이에 소통적 개혁이 일어나게끔 분투하는 공간입니다. 하지만 농장 자체는 데카르트의 환원적 모델과 소통적 모델 사이의 갈등이 벌어지는 곳입니다. 농장은 공포와 무력에 기초한 동물 정권과 고기가 머무는 우리를 포함하고 있으니까요. 기계론적 모델과 소통적 모델 사이의 갈등은 과묵한 농장주 호겟이 겪는 내면의 갈등으로, 그리고 좀 더 관습에 얽매인 호겟의 아내와 호겟 사이에 발생하는 갈등의 형태로 표현됩니다.

그럼에도 영화가 암시적으로 제시하는 공장식 축산 농장과 가족 농장 간의 대조를 동물해방운동가들이 의심의 눈초리로 바라보는 것은 어느 정도 타당합니다. 영화 〈베이브〉의 배경이 된 가족 농장이 매우 낭만화되어 있다고 말하는 것은 절제된 표현이라는 말입니다. 냉소주의자는 우리를 혼란스럽게 하는 재현과 이상화의 장소로서 가족 농장이 가족과 유사하다고 말할지도 모릅니다. 사실 영화 〈베이브〉 속 대조는 가족 농장 모델이 억압적 축산 관행과 양립 가능하며 통상 이 관행에 참여한다는 사실을 숨기고 있습니다. 동물성 식품 생산 주체의 최종 목적지는 결국 시장이고, 두 모델 사이에 바뀐 것이라곤 그저 내부 환경뿐입니다. 제가 생각하기에 이는 도덕적 차이의 정도가 중요할 수 있다는 사실을 무시하는 관점입니다. 생산 라인에서 일하는 노동자가 되는 것과 강제 수용소의 수감자가 되는 것은 일정 부분 도구화와 환원의 과정을 수반하기 때문에 둘 사이에 도덕적 차이란 없다고 말하는 것과 같습니다. 그러나 소규모 농장과 거대한 동물 수용소 간에 어떤 도덕적 차이가 있다면 사실 둘 사이에는 영화가 보여주는 것보다 훨씬 더 많은 연속성 또한 존재합니다.

하지만 영화가 내포하는 두 농장 간의 대조를 이런 식으로 묵살하는 것은 영화가 보여주는 새로운 가능성, 즉 지배 모델의 기계적 관계를 소통적 관계로 대체할 가능성을 간과하는 것입니다. 후자는 동물의 지위를 소통적 존재이자 도덕적 존재로 인정하고 가축 동물과의 관계를 다지는 도덕적 기반을 혁명적으로 변화시킵니다. 그러나 과연 소통적 관계가 우리에게 익숙한 농장 운영과 양립할 수 있을지는 여전히 미해결의 문제로 남아 있습니다. 그럼에도 이 영화는 높이 평가할 만한 가치가 있습니다. 우리에게 고기란 폭력이라는 점을 깨닫게 만들고, 나아가 그 폭력에 반대하는 소통의 모델을 상정하여 가축 동물과의 관계에 새로운 비전을 제시했기 때문입니다. 하지만 영화가 그 비전에 담긴 수수께끼를 탐구하지는 않습니다. 그저 음미해볼 여러 역설만을 우리에게 남겨놓습니다. 영화 속 소통적 모델은 어떤 힘에 대한 최종적 비전을 보여줍니다. 이 힘에는 소통 기술과 윤리의 승리가 포함됩니다. 베이브는 그에게 마치 어미처럼 대한 여러 존재와 모성적 지혜를 통해 이것들을 배웠지요.

　　공장식 축산 농장의 괴물 같은 수용소 체제는 베이브가 지닌 소통적 주체로서의 지위에 일말의 관심도 없었기 때문에 그곳에서 베이브는 자기 이름조차 갖지 못했습니다. 베이브가 공장식 기기에서 떨어져 나와 그에 비하면 비교적 계몽된 세계인 가족 농장으로 이동한 후에도 베이브가 소통적 주체로서의 지위를 인정 받기까지 극복해야 할 많은 장애물이 있었습니다. 가족 농장에 도착하기 전, 베이브는 그저 '가치 없는 새끼 돼지'일 뿐이었습니다. 무게가 달리고, 추첨되어 먹힐 수 있는 대상이었습니다. 베이브의 소통 능력은 호겟이 운영하는 전통 농장의 이상화된 세계에서조차 처음에는 희미했지만, 농장주 호겟에 의해 두드러지며 인정 받기 시작했습니다. 반면 호겟의 아내는 베이브의 능력을 처음부터 알아채지는 못했습니다. 그녀는 베이브를 향해 "이 운 좋은 작은 돼지갈비"라고 말하면서, 그가 우리에게 익숙한 상품 형태인 "맛 좋은 햄 두 개, 베이컨 두 조각, 돼지갈비 두 대, 콩팥 두 쪽, 간 두 개, 곱창 두 줄, 족발 두 개"로 바뀌길 기대합니다.

원작과 달리 영화 속 호겟 여사는 인간이 가진 가장 폐쇄적이고 관습적이며 소비자 중심적 면을 나타내도록 구현되었습니다.[14] 베이브를 향한 호겟과 호겟 여사의 상충하는 관점을 자세히 묘사하면 영화의 주제와 특징에 풍부함을 더할 수 있습니다. 하지만 기계적 관점과 소통적 관점 사이의 갈등을 이런 식으로 젠더와 연결하는 것은 이 이야기에 남성 중심적 요소를 도입하는 것입니다. 또한 이는 젠더와 소비주의, 젠더와 기계적 모델 사이에 실재하는 관계를 모호하게 만들어버리는 일이며,[15] 동물성 긍정에 대한 모순적 메시지를 생성하는 것입니다. 이 점은 영화가 농장주/아버지가 지닌 '정신적' 지향과 대비하여 그의 아내를 동물주의적 관점에서 경멸적으로 재현하고 여성의 일과 이해를 소비적이고 물질적인 것으로서 은연중 비하하는 데서 드러납니다. 베이브의 주체성은 어미 개 플라이와 어미 양 마를 비롯한 수양어미 동물들에 의해 인정 받습니다. 이들은 최선의 모성 전통 안에서 베이브의 사회적 능력과 소통적 능력을 키워냅니다. 이처럼 베이브의 평범하지 않은 소통 능력은 (그토록 그리워하는 어미 돼지를 포함한) 여러 어미로부터 비롯되는 것이 분명하지만, 그 능력의 완성과 인정은 영화에서 '편견 없는 마음'을 대변하는 아버지/농장주에 의해 이뤄집니다. 바로 이러한 완성과 인정이 베이브를 변화시킨, 그리고 더 일반적으로는 문화를 변화시킨 핵심 요소로 영화에 자리매김합니다.

영화가 탐구하지 않고 남겨둔 연유로 농장주는 동물과 소통하는 가능성에 열려 있습니다. 농장주 주변 인물들에게는 닫혀 있는 가능성이지요. 베이브는 다양한 소통적 행위를 통해 농장주에게 그의 주체성을 인정 받았습니다. 혹은 인정 받았다고 믿었지만, 이 인정은 베이브를 질투하는 고양이가 내뱉은 믿을 수 없는 폭로, 즉 그의 지위는 다름 아닌 고기에 불과하다는 최후의 폭로 때문에 무너집니다. 베이브는 오리 퍼디를 좋아했습니다. 퍼디는 평소 자신이 오직 고기로만 취급 당하며 살아가는 것은 결코 참을 수 없다고 말했습니다. 따라서 아버지가 보인 (재앙에 비견될 만한) 분명한 배신은 베이브를 거의 죽일 뻔했습니다. 이야기의 시작과 끝에서와 마찬가지로 이 지점에서도 베이브는 그리스도적 존재로 자립합니다. 그는 농장주/아버지의 인정과 사랑으로 확인되고 소생하는 그리하여 아버지에게 의존하는 여성화된 아들인 것입니다. 영화에서 그 인정과 사랑은 생명의 춤으로 표현됩니다. 베이브와 농장주는 베이브의 인정 받지 못한 소통적 능력을 이 세계에 증명하고 사람들의 닫힌 마

14 킹 스미스의 1983년 원작 소설에서 호겟 여사는 농장에 대한 베이브의 기여를 처음으로 알아채고, 그에게 계약 계급의 권리를 흔쾌히 인정하며 그를 집으로 들였다.

15 특히 여성주의자들이 주장하듯 자연의 소통적 힘을 부정하는 기계적 모델은 늘어나는 기술적 지배에 대한 남성주의자의 반응을 대변한다. 이에 대해서는 머천트(Merchant)의 1980년 글을 참조하기 바란다.

음을 여는, 불가능해 보이는 과업을 달성합니다. 이 과업은 돼지에 대한 처우에 혁명적 변화를 불러올 것이고, 이제 농장 운영은 무력과 폭력이 아닌 소통에 기초한 활동으로 재구성될 것이라는 결론으로 우리를 초대합니다. 영화 속 (암컷) 양은 이 소통적 윤리를 강력히 대변합니다. 전통적 관계가 지닌 환원적 폭력에 맞서 궁극의 승리를 성취하기 위해서는 소통의 미덕과 가치에 대한 양의 끈질긴 믿음과 예증이 필수적이기 때문입니다.

소통적 관계는 생명을 조직하는 새로운 도덕적 가능성을 열어줍니다. 이 길은 이해관계의 갈등을 협상하고 신뢰와 상호성, 그리고 합의를 구축합니다. 이 길에서는 상대에게 무력으로 자신의 의지를 강제하지 않을 수 있고, 도구주의를 피할 수 있습니다. 하지만 소통적 관계가 반드시 이러한 가능성을 따르는 것은 아니기 때문에 소통적 모델을 낭만화하지 않는 것이 중요합니다. 접근성의 평등과 소통 형태의 위계라는 측면에서 본다면 혹은 패권적 방식으로 소통을 구조화하는 측면에서 본다면 소통적 모델이 자동적으로 힘의 역학을 제거하는 것은 아닙니다. 소통적 모델이 제공하는 더 큰 평등을 되찾기 위한 다양한 전략이 있습니다. 합리주의 모델은 소통을 순수하고 추상적이고 중립적이며 보편적 이성 안에서 작동하는 활동으로 간주합니다. 그리고 이 모델은 더 낮은 지위를 부여 받은 다양한 인간 타자를 배제한 것처럼 비인간을 충만한 소통적 지위로부터 배제하기 위해 작동합니다. 이러한 합리주의 모델은 동물과 연관된 소통 형태를 여성과 비유럽 문화, 덜 '교육 받은' 계급과 연관된 소통 형태와 함께 배척합니다.[16]

영화가 보여주는 소통적 비전이 기계론을 넘어 새로운 단계로 나아가는 희망을 제공한다면, 영화는 소통의 양가성을 유발하는, 이 새로운 단계에 대한 굉장히 구미 당기는 질문 또한 많이 남깁니다. 과연 소통은 우리의 방식을 따를까요, 아니면 그들의 방식을 따를까요? 베이브의 소통적 능력은 동물을 위해 쓰일까요, 아니면 농장주의 이익을 위해 쓰일까요? 영화는 농장주의 (춤추는 장면에서 절정에 달하는) 도덕적 성장을 미래 농장 기업의 비전, 즉 자연과 동물과 소통하고 그들과 사랑을 나누는 소규모 농장의 비전으로 제

---

16 Iris Young, 'Communication and the Other: Beyond Deliberative Democracy', in Margaret Wilson and Anna Yeatman, eds, *Justice and Identity: Antipodean Practices*, Sydney, Allen and Unwin, 1995, pp.134~152.

시하고 있지만, 그 농장이 어떤 모습일지에 대해서는 좀처럼 설명하지 않습니다. 새로운 소통의 패러다임은 양과 다른 동물들을 해방시키는 데 활용될까요, 아니면 그저 그들을 좀 더 교묘하고 자기 공모적 방식으로 억압하기 위해 쓰일까요? 자유 민주주의의 패권적 소통 형태가 그것이 대체할 가부장적 · 권위주의적 통치보다 더욱 억압적 형태를 고수하듯이 소통적 동물 농장은 기계적 농장을 고집할까요? 민주주의와 전체 정치의 구분은 분명 둘 사이의 대조 위에 수립되었습니다. 하지만 정작 우리 사회가 만인이 접근 가능한 열린 대화라는 민주적 이상과 얼마나 다른지 더 명확해짐에 따라 우리의 소통 능력이 역으로 우리를 통제하고 가둔다는 점도 더 자명해집니다. 인간과 자연이 맺는 관계의 새로운 소통 단계는 이러한 질문을 비판적 사유의 중심에 놓아야 합니다. 그런 차원에서 말하는 고기의 이야기는 이제 막 시작된 것입니다.

2부

소통과 의인주의

영화의 오프닝 장면은 베이브가 형제들과 소통하면서 잠에서 깨어나는 모습을 보여주고, 어미를 잃은 슬픔과 누군가에게 잡혀 어딘가로 옮겨지면서 느끼는 두려움을 카메라에 담습니다. 이 모든 감정은 실제 돼지가 이와 같은 상황에서 느끼고 표출하리라 예상되는 감정입니다. 이때 베이브의 '인간' 같은 발화는 그의 감정과 믿음과 소망을 담은 자연스러운 표현 같습니다. 관객에게 소개된 동물의 소통은 동물이 보이는 평범한 몸의 언어와 소통을 유지하면서 동시에 이를 확장한다는 점에서 효과적입니다. 그렇지만 동물 주체성을 인간의 방식으로 표현하는 것은 실로 문제가 많고 무력한 '의인주의'입니다. 이러한 의인주의 혐의를 예술 작품에서 동물의 소통과 주체성을 재현하는 방식과 연관 지어 고민하고 규명할 필요가 있습니다.

먼저 의인주의를 지각하는 다양한 방식을 구분할 필요가 있습니다. 여기에는 일반적 지각과 구체적 지각이 포함됩니다. 메리 미즐리가 주장했듯 의인주의에 대한 보편적 이해와 비판은 그 일반적 의미와 정의에 있어 굉장히 혼란스러운 상태에 있습니다.[17] 의인주의가 비인간에게 인간이 가진 특성을 부여하는 것인지, 아니면 '오직' 인간만이 가진 특성을 부여하는 것인지는 실로 모호합니다. 동물에게 주체성 같은 특성을 부여하는 것은 의인주의가 틀림없다는 주장을 뒷받침할 때, 이 둘은 서로 조금 다른 방식으로 문제가 있습니다. 첫 번째 지각 방식, 즉 동물에게 인간이 가진 특성을 부여하면 그것이 의인주의라고 보는 관점은 인간과 비인간 동물 사이에 중첩되는 특성이란 없다고 암시합니다. 인간과 동물 본성의 이중성을 가정하고, 인간과의 근본적 불연속성을 표현해야만 비인간을 적절하게 재현하는 것이라고 강요한다는 뜻입니다. 이처럼 의인주의에 대한 일반적 지각은 근본적 불연속성이라는 잘못된 가정에 기초해 있을 뿐 아니라 우리가 납득하는 비인간 주체성에 대한 어떤 묘사도 사실상 부적합한 것으로 만드는 데 활용되기 때문에 분명 거부되어야 합니다.

오직 인간만이 가진 특성을 비인간 존재에 부여하면 의

인주의라고 보는 두 번째 지각 방식은 앞선 반박에 걸리지는 않습니다. 하지만 비인간 존재에게 주체성을 비롯한 이론의 여지가 있는 특성들을 귀속하는 것이 부적절하다는 점을 증명하기 위해 활용된다는 점을 고려한다면 이 지각 방식 역시 결국 논점 회피에 불과하다는 반박에서 자유로울 수 없습니다. 이 두번째 방식은 그저 무엇이 쟁점인지 추측하고, 나아가 기계적 모델에 대항하는 상대가 무엇인지 추정하며, 비인간 존재는 인간이 가진 의도성과 주체성 같은 특성을 갖고 있지 않다고 가정합니다. 이는 아주 무용하고 인간중심적 지각입니다. 어떤 재현이 비인간 존재에게 본래 그들에게 **없는** 특성을 부여한다면 그러한 특성을 거부할 수 있는 충분하고 독립적 근거 역시 (엄밀히 사실적 맥락에서) 제공합니다. 굳이 인간은 그 특성을 가지고 있다고 덧붙이고, 이 점을 오류의 근거로 삼는 것은 매우 인간중심적 관점일 뿐입니다. 따라서 어느 예술 작품이 비인간 존재에게 주체성과 소통의 특성을 부여한다고 할 때, 그 작품이 의인주의에 입각하여 부적절하다고 주장할 근거는 없습니다.

17 Mary Midgley, *Animals and Why They Matter*, London, Penguin, 1983.

그럼에도 여전히 의인주의에 대한 더 구체적이고 한정적인 감지와 비판이 있을 수 있습니다. 여기서 우리가 호소할 수 있는 의인주의의 감지 방식은 이를테면 유럽중심주의를 거부하는 특정 방식과 유사합니다. 다시 말해 비유럽인 타자를 유럽적 기준에 입각하여 재현하길 거부하는 것과 유사한 방식입니다. 이러한 지각은 특히 특정 사례에서 채택된 재현 방식이 인간과 동물의 차이를 부정하고 동물을 인간 모델의 관점에서 재현했다고 주장하는 것을 가능케 합니다. 이 주장은 〈베이브〉와 같은 영화에서 동물은 주체성을 갖고 소통하지만, 정작 그 소통이 오직 인간의 화법에 맞춰 재현되고 인간의 조건에 맞춰 묘사되는 것은 잘못된 의인주의라고 지적합니다.

그런데 이 주장의 한 가지 문제는 이런 구체적 지각이 논란의 여지가 많은 일반적 지각과는 다른 의인주의 개념을 사용하는 것처럼 보이지만, 정작 그와 유사한 일반 형태로 퇴화될 위험에 처해 있다는 점입니다. 이 점을 밝히기 위해 우리는 질문할 필요가 있습니다. 인간과 대조되는 계급은 무엇일까요? 어떤 방식으로 동물의 주체성이나 소통을 담아내어야 도대체 이런 종류의 반박에 부딪히지 않는 걸까요? 동물의 생명이 내포하는 의미나 위치를 전달하려는 어떠한 시도도 없이 그저 동물을 헐벗은 채로 기록하는 것 외에 어떤 방식이 있을까요? (늑대가 울부짖고 고래가 소리 내는 모습을 카메라에 담아내되 이에 대해 전혀 해설하지 않는 영화처럼 말입니다.) 인간 관객을 위한 재현이라면 어떤 의미에서는 모두 인간의 관점에서 해석됩니다. 유럽인 관객을 향한 비유럽 문화의 발화가 유럽적 방식을 따르듯 인간 관객을 위한 재현은 그 발화의 의미를 인간과 가장 유사한 삶의 형식으로 위치시키기 위해 분투합니다.

여기서 우리가 부딪치는 문제는 인간의 문화적 차이를 나타내는 사례에서 익숙한 문제, 즉 번역과 불확정성의 문제입니다. 인간의 문화적 차이를 재현하는 데에는, 그리고 서로 다른 삶의 형태 사이에 동등성을 확립하거나 가정하는 데에는 우리가 익히 아는 많은 함정과 어려움이 있기 때문입니다. 이러한 함정과 어려움은 사실상 모든 번역 과제, 다시 말해 한 문화의 방식을 다른 문화로 '가져오기' 하려는 시도에 약한 의인주의가 수반되게 합니다. 우리는 번역의 모든 시도가 무효화되지 않도록 의인주의의 더 약한 형태와 더 강한 형태를 구분해야 합니다. 우리가 약하고 대체로 무해한 형태의 인간중심주의와 더 강력하고 해로운 형태의 인간중심주의를 구분할 필요가 있는 것처럼 말입니다.[18]

다른 문화의 관습과 발화를 '유럽적'으로 부적절하고 강력하게 묘사하는 일에는 유럽적 요구와 규범 틀을 다른 문화에 망설임 없이 강요하는 방법론이 뒤따릅니다. 삶의 형식이 각기 다른 것을 알아차리지 못하고, 번역의 어려움을 불확실성과 잠정성의 원천으로 다루는 데 실패합니다. 어쩌면 우리는 이 모델에서, 비인간 사례에서 나타나는 번역의 어려움과 비결정성을 적절하게 다루는 방법론을 기대해볼 수 있습니다. 비교적 기대해볼 법한 방법론이지요. 이것은 불확실성의 존재에 주목하고 잠정적 입장을 취함으로써 여러 대안을 탐색하며 다른 삶의 형식에 맞춰 개념 형성을 상상하고 위치시키려는 입장을 취합니다. 인간과 비인간의 사례 모두 타자에 대한 개방성과 신중하고 세심한 관찰, 그리고 무엇보다도 관점 편향과 '중심적' 편향을 용인해온 자신에 대한 비판적 논평을 요구합니다.[19] 다른 종의 언어와 주체성을 인간적 관점에서 재현하는 문제는 실재하지만, 비인간 존재가 그러한 재현을 통상 배제하는 것은 아닙니다. 오히려 비인간 존재는 그러한 재현이 그들을 전혀 재현하지 않는다는 역경 앞에서, 다시 말해 소통적 존재이자 의사를 지닌 그들을 소통 능력과 정신 능력이 결여된 존재로 재현하는 극악무도함 앞에서 창백해집니다. 이는 그 어떤 의인주의보다 훨씬 부당하고 부정확한 것이지요.

  이러한 관점은 비인간 존재가 소통적 주체로서 재현되는 것을 부적절하게 만들기 위해서 의인주의 협의가 통상 적용될 수는 없다는 점을 보여줍니다. 강력한 의인주의를 비판하는 것은 여전히 가능하지만, 상황을 설정하고 확립하는 데 지금 통상 하는 것보다 훨씬 더 많은 작업이 필요하다고 생각합니다. 약한 의인주의의 경우, 동물의 소통과 특성을 보여주는 재현에 어느 정도의 인간화humanisation가 나타나는지가 문제는 아닙니다. 그보다는 그것이 얼마나 해로운지, 그리고 어떤 목적을 가지고 있는지가 중요합니다. 분명여기에는 다양한 변용과 도덕적 차이가 있을 수 있습니다. 하지만 그렇다 할지라도 동물의 상황에 인간적 주체성을 두는 혼합적 관점을 배제할 수는 없습니다. 이때 동물의 상황이란 예를 들어 가치 없고 무지몽매하며, 특히 충실성이 미덕이 아니고 급진적으로 비현실적인 (동화, 허구 혹은 만화

18 Val Plumwood, 'Androcentrism and Anthrocentrism Paralles and Politics', *Ethics and the Environment*, Vol.1 No.2, 1996, pp.119~152.

19 Sandra Harding, *Whose Science, Whose Knowledge?* Milton Keynes, Open University Press, 1999.

같은) 맥락으로 여겨집니다. 게리 라슨의 만화가 보여주듯 이와 같은 '의인주의적' 관점의 전환, 특히 인간 의식을 도입하는 관점의 전환은 재미있을 뿐 아니라 우리 자신과 타자를 철학적으로 드러냅니다. 그러나 약한 의인주의는 기만적이고 규칙에 어긋난다는 **일반적** 주장이 통용되지 않는다면 의인주의의 특정 재현 사례는 인간의 불순함이 침입했다는 관점이 아니라 그 사례가 제시하거나 방지하는 통찰, 그리고 그 재현에 담긴 도덕의 질이라는 측면에서 그 가치가 논의되어야 합니다.

인간중심주의는 의인주의보다 더 명확한 개념입니다. (비록 논쟁의 여지가 없거나 모호한 점이 없다고 볼 수는 없지만, 그러합니다.)[20] 더욱이 인간중심주의는 동물을 재현하는 예술 작품의 도덕적 질에도 더 명확하게 연관되는 개념입니다. 영화 〈베이브〉에 나타난 의인주의 유형과 디즈니의 인간화 패러다임을 비교해보세요. 디즈니 만화는 일반적으로 동물을 피상적으로만 그려냅니다. 전형적 동물 몸을 가진 디즈니 캐릭터는 종종 인간적 성격을 가지고 있습니다. 반면 동물의 특징이나 상황을 알아차릴 수 있는 언급은 거의 없거나 전혀 없고, 동물과 인간이 맺는 관계 혹은 인간과 동물이 뒤섞인 공동체의 구성원과 맺는 관계를 나타내는 것 역시 결코 허용되지 않습니다. 이러한 인간중심적 구상 안에서 동물은 동물 자신의 주체성이나 상황과는 어떠한 연관 관계도 없는 의미를 짊어지도록 만들어진 아무런 효력이 없는 존재로 나타납니다. 텔레비전 만화에서 표준화된 디즈니 패러다임은 존 버거John Berger의 말처럼 동물이 '인간의 꼭두각시로 완전히 변형'되는 곳이며, 이곳에서 동물의 주요 임무는 인간 조건의 다양한 패권적 형태를 동물 '왕국'으로 귀속해 이를 자연화하는 것입니다.[21]

디즈니의 동물 만화에서 동물이 지워진 점은 인간중심주의를 직접적으로 반영한다는 점에서, 그리고 인간의 자기 포위와 타자 병합을 증대하는 데 기여한다는 점에서 옳지 않습니다. 이 경우에 동물을 자아의 위장된 형태 이상의 독립적 타자로서 만나는 것은 불가능해 보입니다. 더욱이 이와 같은 병합적 움직임은 제가 위에서 비판한 가정, 즉 '동물 영화'는 사실은 인간에 대한 영화일 때만 진지하게 받아들여질 수 있다는 매우 인간중심적 가정의 기저를 이룹니다. 반면 덜 인간중심적이고 덜 경시적 대우는 동물을 행위자로,

20 Val Plumwood, 'Androcentrism and Anthrocentrism'.
21 John Berger, *About Looking*.

소통적 주체로, 지식의 전달자로, 인간과 동물이 섞인 공동체의 구성원으로 진지하게 받아들입니다. 이때 동물은 그들 스스로 우리를 관찰할 수 있고, 어쩌면 그들과 우리의 관계를 비판적으로 성찰할 수 있는 존재입니다. '우리 베이브'는 동물을 다루는 인간중심주의적 기준에서 그런대로 잘 빠져나왔지요.

범죄자와 여성과 동물. 이들은 모두 부인되거나 축소된 형태의 주체성을 가진 존재들입니다. 이 형태의 주체성은 그 자체로 아는 자의 위치를 차지할 수는 없고 오만한 지식 형태가 다루는 대상으로 전락합니다. 이 지식 형태는 그들의 차이점과 발화를 과도하게 정형화하고 부인하여, 종국에는 그들이 상호적 교환이나 대화적 만남을 나누는 주체로 존재할 가능성을 제거해버립니다. 미셸 푸코Michel Foucault가 언급했듯 언제나 그런 오만한 관찰 아래에 종속되는 것은 죄수의 운명입니다. 또한 여성주의자들이 지적한 것처럼 여성화된 주체성 안에서는 주체가 그러한 남성적 응시를 내면화합니다. 버거는 타자에 대한 오만한 개념이 동물에게까지 너무 널리 퍼지는 바람에 이제 우리가 동물을 만남과 소통적 교환이 가능한 타자로 다시 인식하는 것은 거의 불가능하다고 주장합니다. 그는 이렇게 말합니다. "동물은 언제나 관찰 당합니다. 그들이 우리를 주시할 수 있다는 사실은 모든 의미를 잃어버렸습니다. 동물은 우리의 끝없이 확장되는 지식의 대상입니다. 우리가 그들에 대해 아는 것은 우리 힘의 지표이자 그리하여 우리를 그들로부터 분리시키는 지표입니다. 우리가 알수록 동물은 우리로부터 더 멀리 떨어집니다."**22**

이 진단은 예리합니다. 하지만 다소 숙명론적이라고 생각합니다. 영화 〈베이브〉와 같은 예술 작품은 우리가 동물에 대한 인간중심적 개념을 뒤집을 수 있도록 돕습니다. 영화는 동물을 배경이자 수동적으로 관찰되는 대상이 아니라 주체이자 상호적 관찰자로 회복시키는 데 도움을 줍니다. 〈베이브〉의 마지막 장면에서 뒤돌아 보는 자가 동물인 것도 그래서지요.

---

22 John Berger, *About Looking*, p. 16

고기와 식민 계약

영화가 제공하는 즐거움 중 하나는 주인공 베이브가 말하는 고기의 위치에서 고기를 둘러싼 각각의 배경적 가정을 체계적으로 교란하는 방식입니다. 저는 앞선 1부에서 이 가정을 규명한 바 있습니다. 우리는 동물 수용소의 모습을 담아내는 영화의 오프닝 장면에서 첫 번째 가정인 근본적 불연속성과 (짧게) 마주하게 됩니다. 두 번째 가정은 우리가 고기를 말하는 주체로 접할 때 마주칩니다. 세 번째 가정은 명쾌하고 합리적이며 하등의 문제가 없는 고려의 위계질서가 바로 지능 순위에 근거한다는 것입니다. 세 번째 가정은 베이브와 영화 전반에 걸쳐 등장하는 다른 캐릭터들에 의해 분열됩니다. 이 분열은 탈식민주의 이론에서 나타나는 주요 '탈피' 중 하나며 가장 전복적 성취입니다. 따라서 베이브가 지능을 뽐내고 소통적 지위를 행사하는 것은 양치기 개 플라이가 그녀의 새끼 강아지들에게 '오직 멍청한 동물'만이 잡아먹힌다고 말하며 전달한 안락한 확신을 분열시킵니다. 이와 같은 분열은 윤리적이고 정치적인 질문을 제기합니다. 이는 마치 탈식민주의 이론에서 식민 위계의 역할, 고기인 동물과 고기가 아닌 동물 간의 구분, 결코 '고기'가 될 수 없는 특별하고 특권적인 동물 무리와 인간이 맺은 계약의 본질에 대해 제기하는 질문과 유사합니다.

'베이브'는 순결하고 독창적이며 그리스도같이 순수한 영혼의 이름입니다. 하지만 혁명적 오리 퍼디는 끝내 별채에서 이 영혼에게 고기의 더러운 비밀을 처음으로 폭로합니다. 고기가 어디서 왔는지, 그리고 '베이브'(아기) 그 자신이 어디서 왔는지 알게 되는 것은 인간 아이가 번식과 성적 관계에 대해 처음 알게 될 때만큼의 환멸을 가져다줍니다. (이 사실을 믿을 수 없는 베이브가 "주인님은 그렇지 않아!"라고 내뱉는 모습은 "우리 부모님은 아니야!"라고 소리치는 아이의 모습과 닮아 있습니다.) 그러나 결국 악의에 찬 고양이가 베이브에게 공장식 축산 농장과 사악한 가정 농장의 끔찍한 비밀을 알려주고, 베이브는 깊은 상처를 받습니다. 말할 수 없는 것이 결국 말해진 것입니다. 돼지는 고기고, 돼지는 대상이며, 돼지는 그들의 주체성을 부정하고 멀리하고 숨기는 환원적 폭력에 시달린다는 점이 밝혀졌습니다. 베이브는 그가 살아 있을 때만 '돼지'라고 불리는 것입니다. 만족스러운 표정을 한 고양이가 자신의 특권적이고 보호 받는 지위를 뽐내면서, 베이브에게 **"네가 죽은 후에 그들은 네게 '돼지고기나 베이컨' 같은 다른 말을 사용해."**라고 설명합니다. 베이브의 순수함이 조금씩 벗겨지면서 우리는 동물 억압과 식민 지배의 다양한 수준과 유형이 그 모습을 드러내는 장면을 목격합니다. 이로써 '상처의 세계'가 드러납니다. 우리 모두는 이 세계를 순수함의 상실과 억압적 세계에 대한 '어른스러운' 순응의 일부로서 어떻게든 받아들입니다.

다양한 방식으로 드러나는 억압의 반대편에는 인간이 펼치는 쇼를 회의적이고 비판적인 관객으로서 관망하는 동물의 관점과 여러 해방적 논평이 있습니다. 이 논평은 인간과 동물이 뒤섞인 공동체의 정치와 인간이 취하는 방식의 기이함을 교묘히 폭로하고, 특히 인간의 폭력과 인간을 대리하는 개의 폭력을 지적합니다. 나아가 베이브를 고기로 위치시킨 배타적 경계의 폭력과 부당함, 왜곡을 지적하고 타자에 대한 경청과 개방이 중요하다는 점을 일러줍니다. 베이브가 그의 위치를 고기로 한정시킨 경계를 허물고, 마침내 집의 특권적 경계를 횡단할 때, 우리는 사슬이 끊어지는 전율과 해방의 흥분을 느낍니다. 베이브가 집 안으로 들어가는 것은 철저히 금지되어 있었기 때문에 그는 농장주와 수양어미 개 플라이와 함께 집 안에서 텔레비전을 시청할 수 없었습니다. 그 경계를 넘어서게 된 것이지요.

제 생각에 특히 우리를 일깨우는 지점은 농장이라는 작

은 인간 제국에서 인간의 식민 지배로 형성된 동물 간 위계 수준이 드러났다는 것입니다. 농장 제국은 지구와 동물에 대한 사회적 관계와 합리적 설계를 이루는 데 있어 인간의 구체적 욕망과 의지를 활용합니다. 영화는 **동물 간의** 위계 수준과 배제의 경계가 고기 관행과 고기로 취급되는 동물의 비주체적 지위를 유지하는 데 핵심 역할이라는 점을 보여줍니다. 인간우월주의를 답습한 개는 자신의 특권을 그의 우수한 지능 덕분이라고 여깁니다. 하지만 개의 안이하게 날조된 믿음은 영화 초반부의 몇몇 장면이 증명한 돼지 베이브의 높은 지능에 의해 보기 좋게 무너집니다. 여기서 관습적 경계와 계약은 불안정하고 이중적이며 억압적인 것으로서 폭로됩니다. 애완동물과 '집' 동물의 상대적으로 특권적 지위는 바로 이 계약에 근거하고 있고, 이 계약은 서구 사회에서 개와 고양이가 누리는 특권적 지위와도 관련이 있습니다.

동물 간 고려의 위계질서가 지닌 관습성과 불안정성을 드러냄으로써 영화는 '애완동물'이나 전통적 반려동물의 특권 무리를 대상으로 한 계약이나 정치적 기원에 대한 이야기를 재구성할 수 있는 자료를 제공합니다. 인류 역사 초기에 일부 사회에서 사냥하고 농사를 지으며 양을 치는 ('우두머리') 인간 몇몇이 늑대와 계약을 맺었습니다. 늑대는 인간의 대단히 중요한 과업을 도와주는 대가로 다른 동물들과 달리 인간에게 존중 받는 역할과 위치를 부여 받는다는 계약이었습니다. 다시 말해 늑대는 결코 인간의 **고기가 되지 않는다**는 계약이었습니다. 늑대가 수행한 과업은 인간이 다른 동물을 억압하고 가두는 것을 적극적으로 돕는 일이었습니다. 그 동물들을 가두어 고기로 만드는 일을 거들었지요. 늑대는 **다른 동물을 고기로 만드는 데 도움을 준 보상으로 결코 고기가 되지 않았을 뿐 아니라 그들 몫의 고기를 나누며 인간에게 '보살핌을 받았습니다.'** 늑대의 주체성은 인정되었고, 환원적 데카르트 개념은 늑대에게 결코 적용되지 않았습니다. 인간의 다양한 신화적 계약 혹은 상호 이익을 추구한다고 주장하는 정치적 건립 서사와 마찬가지로 이 계약은 고기 영역에서의 공모 계약이었습니다. 그러나 영화 〈베이브〉가 명쾌하게 증명한 균열이 보여주는 것처럼 계약 계급에 포함되는 것은 '지능'과 아무런 관련이 없습니다. 모든 것은 '공모'와 연관됩니다.

계약에 참여하지 않은 동물을 지배하거나 제거하는 데 가담하고 고기 관행에 공모한 대가로 맺은 특권 계약은 이후 **특권적 반려동물**(애완동물)에게로 확대됩니다. 우리 중 많은 사람은 반려동물과 삶을 공유하고, 반려동물에게 다른

'고기' 동물의 살을 계속 먹이로 제공합니다. 영화 〈베이브〉에서 오리 로살린Rosalyn은 크리스마스 만찬 요리로 식탁에 올려졌고, 사악한 고양이는 그 요리를 먹는 이득을 보았습니다. 현실에서 위계질서의 '고기' 부분에 배정된, 특권 없는 동물들은 자신을 동물 애호가라고 스스럼없이 생각하는 사람들이 키우는 애완동물의 먹이로 쓰입니다. 애완동물의 고기가 되기 위해 죽는 것입니다. 매년 수십억 마리의 캥거루와 돌고래, 펭귄, 익명의 희귀 해양 동물이 개와 고양이를 먹이기 위해 [눈에 보이지 않는] 먼 곳에서 도살됩니다. 하지만 정작 개와 고양이의 주인은 그들의 애완동물이 죽어 고기로서 먹힌다는 것을 감히 상상할 수도 없습니다. [과거 늑대가 인간을 도와 누린 특권과 비교하여 오늘날의] 동반 계약 companion contract은 동물이 해야 하는 일이 줄었지만, 여전히 그 어느 때보다도 강력하게 남아 있습니다. 또한 동반 계약은 껴안고 싶은 것과 껴안고 싶지 않은 것, 길들여진 것과 야생의 것, 깨끗한 것과 더러운 것, 집과 밖의 경계를 구축하는 주요 요인입니다.

우리 대부분은 도시 거주자고, 그 수는 더 늘어나고 있습니다. 따라서 우리는 주로 계약 계급의 동물들과 접촉합니다. 이는 불행한 일입니다. 동반 계약은 서구의 고기 제도와 연관된 숱한 이중성과 부정과 배제를 반영하고 반복하기 때문입니다. 역사적 관점에서 보면 동반 계약은 제국의 핵심적 식민 계약, 즉 식민 지배자가 언제나 피식민지인 중 특권 계층과 체결하여 막대한 이득을 얻을 수 있었던 계약과 유사합니다. 스코틀랜드와 아일랜드의 식민 지배 역사에서, 그리고 식민 지배 역사의 모든 장소에서 토착민 중 일부 특권 계층은 지배자의 추잡한 업무를 수행하고 토착 인구를 통제하고 억압하기 위해 선발되었습니다.

이러한 유형의 계약이 없었다면 대부분의 경우 식민지화는 불가능했을 것입니다. 이런 유형의 계약은 이원론적 경계 수립에 의존합니다. 이 경계는 본래 협력과 공모, 동화와 같은 가치의 도구적 기준에 기초합니다. 또한 이 경계는 다른 사람을 착취하고 투옥하기 위해 일부 피식민지인을 활용할 필요가 있다는 점에 근거합니다. 더욱이 이 계약은 '애완' 동물과 '고기' 동물의 강력한 이원론적 경계를 만듭니다. 애완동물은 윤리적 주체이자 소통적 주체이며, 이상적인 고려의 대상입니다. 반면 고기 동물은 그렇지 않습니다. 계약은 타자에 대한 동화주의적 전략의 일부를 형성합니다. 이 전략에 따르면 피식민지인은 식민 지배자의 자아와 닮아가고, 그 자아를 표현하거나 그것에 봉사하는 한 그들로부터 인정 받습니다. 이 오염된 구분은 우리가 계속해서 일부 동물은 사랑하되 그들과 크게 다르지 않은 다른 동물을 무자비하게 착취할 수 있는 권리를 주장하게 하고, 애완동물의 주체성을 인정하는 동시에 고기 동물의 주체성을 무시하거나 부정할 권리를 주장하도록 만듭니다.

이 계약은 우리가 현대 사회에서 동물을 대하는 방식과 우리가 동물을 사랑하고 존중한다는 주장과 연관된 기이한 모순을 설명하는 데 큰 역할을 합니다. 때때로 채식주의자 혹은 완전채식주의자인 '동물 애호가'가 다른 동물로 만든 '고기'를 먹이로 먹는 애완동물을 만들어내고 심지어 번식시킬 때, 이들이 내세우는 계약은 본래의 식민 계약입니다. 애완동물 애호가는 애완동물을 부적절한 환경에 풀어놓고서 애완동물이 다른 동물을 고기로 만드는 것을 허락하고, 자유롭게 생활하는 동물들이 만든 신중히 교섭되고 균형 잡힌 공동체를 방해하도록 허락합니다. '동물 애호가'가 길들여진 고양이를 야생에 마구 버리는 일이 벌어지기도 합니다. 이렇게 버려진 고양이들은 견제와 균형이 거의 이뤄지지 않은 호주 같은 상황에서 토착 동물에게 큰 위협이 됩니다.

고기로 취급 받는 동물의 주체성을 인정하지 않는 금기와 동물의 주체성을 인정하지 않으려는 일반적 실패를 극복하려면 이 여전히 남아 있는 계약과 연관된 이원론을 부수어야만 합니다. 이 계약의 도덕적 이원론은 고기, 특히 공장에서 사육된 고기의 비도덕성을 은폐하는 데 핵심 역할을 합니다. 대개의 사람들은 개나 고양이 같은 동물과의 긍정적 경험이 있습니다. 이들은 그 동물들을 데카르트적 '기계 동물'이나 마음이 없는 몸이 아니라 서사적 주체와 소통적 주체로서 경험하도록 스스로 허락했습니다. 하지만 윤리적 이원론과 계약 경계의 불침투성은 사람들이 그 인식을 '고기 동물'이나 야생동물로 간주되는 다른 동물에게로 옮겨가지 못하도록 막았습니다. 이는 개를 먹는 것에 대해서는 끔찍한 공포를 느끼는 반면, '고기 동물'이 받는 지독한 대우에는 무관심하거나 안주하는 '동물 애호가'의 모순적 금기에도 반영되어 있습니다.

영화 〈베이브〉는 베이브가 '고기'로서 맺은 계약에서 어떻게 배제되는지, 그리고 베이브와 양이 특권적 지위를 누리는 개와 고양이에게 어떻게 억압 받는지 보여줍니다. 이를 통해 영화는 우리로 하여금 그 계약으로부터 떨어지고 모든 동물의 도덕적 처우를 깊이 이해하기 위해서 그 중요한 장벽을 쓰러트리게 만듭니다. 그렇지만 영화는 이 계약을 둘러싼 몇 가지 주요 쟁점을 해결하지는 못합니다. 영화의 마지막 부분에서 베이브의 해방을 읽는 한 가지 방법은 식민 계약은 확대될 수 있거나 확대되어야 한다고 가정하는 것입니다. 이 가정에서 결국 베이브의 해방은 식민 계약에 동참하거나 개의 자리를 대체하는 것입니다. 이제 베이브는 나머지 농장 동물들과 함께 지내고, 이들에게 폭력적이지 않은 소통자의 역할을 맡았습니다.

그렇다면 애완동물과 다름없는 베이브의 해방은 합리적 능력주의의 위계질서에서 잘못 배치된 개체에게 제자리를 찾아주는 일일까요? 혹은 베이브의 해방이 다른 모든 동물에게까지 어떻게든 확장될 수 있을까요? 여기서 우리는 해방을 개인의 구원으로 바라보는 자유주의적 이해에 맞닥트리게 됩니다. 이것은 다양한 인간 해방 운동이 자유주의에서 마주친 것과 동일한 문제를 발생시킵니다. 타자를 억압하고 감금하고 도구화하는 일에 공모하여 삶을 유지하는 배타적 계약인 한, 식민 계약은 모든 사람에게 해방을 가져다주는 방향으로 확장될 수 없습니다. 한 번에 하나의 존재에게만 확장되는 그런 계약으로는 모두를 해방시킬 수 없습니다. 그렇게 하려는 시도는 그저 도덕적 이원주의의 장벽을 새로운 장소에 다시 세울 뿐입니다.

만약 베이브가 인간과 유사하고 다른 동물과 단절되었

기 때문에 구원 받는다면 이것은 타자에 대한 억압에 공모하여 몇몇 사람을 치켜세우기 위해 일부 자유주의 페미니즘이 승인한 것과 같은 식민지화 계약이라고 볼 수 있습니다. 예를 들어 엘리자베스 케이디 스탠턴Elizabeth Cady Stanton과 같은 페미니스트는 여성은 흑인 노예와 같은 '하위 집단'과 단절되었고 지배 집단인 엘리트 백인 남성과 유사하므로 정치적 권리를 소유한 특권 계층으로 인정 받아야 한다고 주장했습니다. 소수를 받아들이며 열렸던 문은 나머지를 계속 바깥에 두기 위해 닫혀버립니다. 도덕적 이원론의 경계 하나가 순간적으로 뚫리지만, 나머지는 그대로 유지되거나 새로운 경계가 구축됩니다. 영화는 분명 베이브의 해방을 보여줍니다. 하지만 베이브가 홀로 받아들여진 것인지, 다른 모든 돼지와 함께 받아들여진 것인지, 몇몇 다른 돼지와 같이 받아들여진 것인지, 모든 다른 동물과 또는 우리가 먹이라고 여기는 모든 존재와 함께 받아들여진 것인지에 대한 큰 질문이 우리에게 남겨졌습니다. 동물 해방의 정치적 비전이 인간 해방에서 나타나는 것과 상당 부분 유사한 정치적 문제와 인정의 문제, 모호성을 제기한다는 사실은 놀랄 만한 일이 아닙니다. 우리와 동물 사이의 친족 관계를 확인해주는 일일 뿐이지요.

3부

생명과 죽음의
생태적 순환

6장   동물과 생태:
더 나은 통합을 향해[1]

농사는 결국 농업이 되었다.

그리하여 우리의 '가호' 아래 가장 오래 머물렀고,

우리의 용도에 맞춰 습성이 성문화되었으며,

우리의 관점에서 늘 특별한 장소에

얽매였던 농장 동물들이

인류 역사상 이처럼 잔인하게 대량 사육되거나 감금되거나

도살된 적은 없었다. 오늘날의 공장식 축산 농장은

악취가 진동하는 아수라장이다. 이곳은 온몸이 살충제로

뒤범벅되고, 성장 촉진제와 항생제와 약으로 살찌워져

말 그대로 제정신이 아닌 채 고통에 찌든 동물로 가득 차

있다. 무려 25만 마리의 산란계 암탉이 한 건축물 안에

갇혀 있다. (닭 한 마리보다 더 무가치한 것은 없으므로

과밀에 따른 높은 치사율은 경제적으로 허용되는 수치다.)

— 조이 윌리엄스, 「동물 인간의 비인간성」[2]

생태동물주의 대 존재론적 완전채식주의

분별 있는 사람들은 살아 있는 존재와 오늘날의 상품 문화가 맺는 관계에 무언가 심각한 문제가 있다고 생각합니다. 그 문제는 동물의 생명을 왜곡하고 도구화함으로써 이익을 얻는 공장식 축산 농장에서 가장 분명하게 표출됩니다. 저는 여러 책과 논문에서 열등한 동물과 자연 지배에 대한 인간 중심적인 지배 이데올로기가 이러한 학대를 가능하게 하고 정당화한다고 주장했습니다.[3] 경제 영역에서 표출되는 지배 이데올로기는 동물 상품을 실제 그들보다 더 작은 것, 즉 그저 인간이 사용하는 자원으로서 취급합니다. 동물은 살아 있

---

1 〔옮긴이 주〕6장의 일부 문장은 1장에 수록된 문장과 부분적으로 중복되며, 이는 편집상의 오류가 아님을 밝힌다.

2 〔옮긴이 주〕출처는 다음과 같다. Joy Williams. 'The Inhumanity of the Animal People: Do Creature Have the Same Rights that We Do?', *Harper's Magazine*, Aug 1. 1997.

3 Plumwood, *Feminism and the Mastery of Nature*, London, Routledge, 1993; 'Integrating Ethical Frameworks for Animals, Humans and Nature: A Critical Feminist Eco-socialist Analysis', *Ethics and the Environment*, Vol.5 No.3, 2000, pp.1~38; *Environmental Culture: The Ecological Crisis of Reason*, London, Routledge, 2002를 주로 참조하기 바란다.

는 고기나 계란을 생산하는 장치에 지나지 않는 것입니다.

　현대 사회가 동물과 자연에게 가하는 학대를 명확히 하고 깊게 경험하려는 사람들은 철학적 이론에서 중요한 선택에 직면합니다. 이들은 특히 인간의 생명을 동물의 생명과 생태로부터 떨어트려 놓으면서 둘 사이의 불연속성을 강조하는 동물 윤리와 존재론을 택할 것인지, 아니면 인간과 다른 생명 형태의 연속성을 강조하면서 인간의 생명과 동물의 생명 모두 생태적이고 윤리적으로 인식된 우주에 위치시키는 이론을 택할 것인지 선택해야 합니다. 저는 이 글에서 우세적 지배 이데올로기에 꽤나 다른 방식으로 도전하는 두 가지 이론을 비교하여 그 선택을 대변해보려 합니다. 존재론적 완전채식주의는 동물을 사용하는 모든 행위를 일반적으로 삼가는 이론으로, 이를 지배에 대한 유일하고 진정한 대안으로, 동물 학대에 대항하여 동물을 방어하는 주요 수단으로 여깁니다. 하지만 저는 동물 방어를 지지하는 또 다른 이론이 지배 이데올로기를 더욱 철저히 무너트리고, 환경 인식과 인간 해방과 동물 행동주의에 있어 존재론적 완전채식주의보다 훨씬 더 낫다고 주장합니다. 저는 이 이론을 생태동물주의라고 부르겠습니다.

　생태동물주의는 동물을 지지하고 기립니다. 또한 인간

과 동물 간의 공유와 협상 또는 동반자 관계의 대화의 윤리를 장려합니다. 동시에 인간 정체성을 재평가하여 인간이 동물 영역과 생태 역역에 속한다는 점을 분명히 합니다. 제가 전개하려는 이론은 맥락을 따르는 반半채식주의자의 입장입니다. 이 입장은 제1세계에서 자행하는 육식을 현저히 줄여야 한다고 주장하고, 특히 공장식 축산 농장에서 동물을 멸시하는 환원적 믿음과 대우를 비판합니다. 서구 문화에는 다른 존재 위에 군림하는 인간이 차지한 지배적 지위가 깊숙이 자리 잡혀 있습니다. 이 지위는 인간과 자연 사이의 거대한 간극 혹은 제가 인간/자연 이원론이라고 부르는 이원론을 구축했습니다. 인간/자연 이원론은 인간을 문화의 내부에 있되 '자연의 바깥'에 있는 존재로 파악하는 반면, 비인간은 문화와 윤리의 바깥에 있는 존재로 파악합니다. 제가 지지하는 이론은 인간을 생태적 관점에서 다시 위치시키는 동시에 비인간을 문화적이고 윤리적인 관점에서 다시 위치시킴으로써 이 뿌리 깊은 역사적 이원론을 무너트리는 것을 목표로 합니다. 생태동물주의는 서로 사용하는 생태적 우주를 긍정하고, 인간과 동물을 평등한 조건 속에서 서로 존중하는 방식으로 사용 가능한 상호적 존재로 파악합니다. 생태동물주의는 철학적 맥락화 방법론을 사용하여 동물과 생태에 대한 우리의 관심을 표현할 수 있게 합니다. 동시에 다양한 생태적 맥락 속 다양한 문화, 각기 다른 영양 상황과 필요, 그리고 여러 억압 형태를 인정할 수 있도록 만듭니다.

제가 거부하길 권하는 존재론적 완전채식주의는 동물 평등과 생태를 다루는 이론과 행동주의 모두에서 많은 문제를 내포하고 있습니다. 이 입장은 이론과 철학, 개인적 헌신을 개인이 행하는 완전채식주의에 확고히 결부시킵니다. 즉 개인 행동의 한 형태로서 동물을 먹거나 사용하는 것을 제한하는 것입니다. 존재론적 완전채식주의는 인간이나 동물을 먹을 수 있거나 사용할 수 있는 것으로 간주해서는 안 된다고 주장합니다. 그런데 이 입장은 인간을 인간/자연 이원론의 일부인 '자연의 바깥'으로 대우하는 태도를 더욱 확고히 인정하고, 생태적 관점에서 동물과 인간을 다시 개념화하려는 어떤 시도도 이뤄지지 않게 방해합니다. 존재론적 완전채식주의는 모든 동물이 동일한 도덕적 지위를 가지고 있으므로 형태에 상관없이 모든 형태의 동물 사용을 금지해야 한다고 주장합니다. 하지만 이 때문에 존재론적 완전채식주의는 비교적 덜 가학적인 형태의 농장에 우선하여 공장식 축산 농장에 행동을 취하려는 동물행동주의에 철학적 지침을 제공하지 못합니다. 존재론적 완전채식주의의 보편성은 오히려 그 입장을 자민족 중심주의로 만들고, 특권적 '소비자' 관점을 보편화하며, 현대 서구의 도시적 맥락이 아닌 다른 맥락은 무시하거나 서구의 맥락을 이상이나 표준으로 만들기 위해 다른 맥락을 사소하고 일탈적 '예외'로 취급하려 합니다. 이 입장은 인간이 차지한 우세한 지배 위치에 반대한다고 주장하지만, 인간/자연 이원론에 온전히 도전하기보다는 오히려 인간의 지위를 확장하고 '반≠인간'의 더 넓은 계급에게 그 특권을 확장하려고 하기 때문에 미묘하게도 인간중심적인 관점으로 남습니다. 반인간은 그들 인간처럼 비의식적 영역의 위에 있으며 '자연의 바깥'에 존재하고, 무엇보다 먹이사슬 내에서의 쓰임을 뛰어넘는 생태 너머의 존재로 간주됩니다. 이로써 존재론적 완전채식주의는 인간/자연 이원론과 부정의 체계에 머물게 됩니다. 부정의 체계는 지배 문화로 하여금 그 뿌리가 생태에 있음을 깨닫지 못하게 하고, 오히려 엄청난 생태적 위기에 처하게 하는 것이지요.

수천 년을 거슬러 올라가는 서구 문화는 인간/자연 이원론에 기초해 형성되었습니다. 이 이원론은 인간이 본질적으로 분리된 이성과 마음 또는 의식의 계층에 속한다고 봅니다. 이 영역은 몸과 동물, 전前인간이 속한 열등한 질서로부터 급진적으로 분리되어 있습니다. 여성과 노예, 민족적 타자('야만인')와 같은 인류의 열등한 계층은 이성에 덜 참여하고 체현과 정서성 같은 낮은 '동물적' 요소에 더 많이 참여함으로써 훨씬 낮은 영역에 더 많이 관여하게 됩니다. 인간/자연 이원론은 인간을 비인간보다 우월하다고 여길 뿐아니라 이들과 다른 종류의 존재로 파악합니다. 낮은 영역에 존재하는 비인간은 높은 영역에 있는 인간을 위한 한낱 자원에 다름 아닙니다. 이러한 이데올로기는 서구 문화가 아주 미약한 제약 속에서 자연을 착취할 수 있도록 만들었습니다. 그뿐 아니라 문화가 자연 속에 뿌리내리고 있다는 점과 자연에 의존하고 있다는 점을 부인하여 매우 위험한 환영을 만들어냈습니다. 인간이 먹이 그물에 포함되는 것을 부정하는 우리의 모습과 생태 위기를 대하는 우리의 반응에서 이러한 환영이 포착됩니다.

인간/자연 이원론은 인간과 비인간 사이에 놓인 다리를 양 끝에서 파괴하는 양면적 문제입니다. 이를테면 인간은 본질적으로 육체가 없고 자연의 나머지 부분으로부터 분리되어 비연속적인 존재인 것처럼 자연과 동물은 정신을 지니지 않은 몸이자 윤리와 문화 영역에서 배제된 존재로 여기기 때문입니다. 우리 자신을 다른 동물보다 우월하기보다는 이들과 유사하게 생태적으로 체현된 존재로서 다시 구상하는 것은 서구 문화에 있어 주요한 도전입니다. 동물과 비인간 세계에서 나타나는 정신과 문화의 요소를 인식하는 것도 마찬가지로 중요하지요. 이 점에서 인간/자연 이원론의 양면성은 반드시 통합되어야 하는 두 가지 과제를 제시합니다. 첫 번째 과제는 인간의 생명을 생태적 관점에서 다시 위치시키는 것이고, 두 번째 과제는 비인간 존재의 생명을 윤리적 관점에서 다시 위치시키는 것입니다. 생태동물주의는 이 두 가지 과제 모두를 수행하는 반면, 존재론적 완전채식주의는 후자의 과제만 다룹니다.

지난 40년간 전개된 기존의 동물주의 이론과 생태 이론은 이와 같은 양면적이고 이원론적인 역학의 한 측면에만 각기 도전해 왔습니다. 그 결과 두 입장은 매우 대립적이고 결코 양립할 수 없는 방식으로 발전했습니다. 두 입장은 일종의 인간과 비인간 간 평등주의를 염두에 두고 있지만, 각각이 취한 부분적인 분석은 결국 두 입장을 충돌하게 만들었습니다. **동물방어운동**animal defence movement**이 생태계 바깥에 위치한 인간의 (이원론적) 특권을 동물에게로 확장하려고 했듯 생태 운동은 인간을 먹이와 에너지를 상호 교환하고 서로 사용하는 생태계 내부에 체현된 동물로서 위치시켰습니다.** 다수의 동물방어활동가들은 생태는 그리 중요한 것이 아니며, 먹이 그물 이야기는 햄버거 기업이 만들어낸 발명품이라고 생각하는 것 같습니다. 이와 반대로 생태운동은 윤리적 사고를 비인간 영역에 적용하길 거부하면서 종종 동물을 자원으로 파악하는 인간중심적 관점과 이들을 향한 과학적 저항을 그대로 유지하는 것 같습니다. 과학적 저항을 통해 동물이 우리와 마찬가지로 애착과 투쟁, 비극이 담긴 삶의 서사를 지닌 개체임을 인정하지 않는 것입니다. 앞으로 제가 설명할 것처럼 인간/자연 이원론에 대한 더 양면적 이해와 도전은 설령 통일된 이론을 아직 제시하지 못하더라도 동물과 생태에 대한 통합적이고 덜 갈등적인 이론을 종합하는 데 도움이 될 것입니다.

쓰지 않을 것인가, 존중하며 쓸 것인가?

인간/자연 이원론은 양극화된 대안의 일습을 형성합니다. 인간은 몸의 체현보다 위에 있고, 따라서 인간은 어떤 형태든 몸으로서 사용되는 일 너머에 있다고 간주하는 생각은 그 반대 극단에 위치한 생각으로 보완됩니다. 그 극단에는 비인간이란 오직 몸이며, 이들은 완전히 도구화될 수 있다는 생각이 놓여 있습니다. 이로써 인간과 비인간 사이의 급진적 배제에 기초한 대조가 형성됩니다. 인간과 동물의 불연속성은 인간과 동물 사이에는 어느 정도 중첩되는 부분이나 연속성이 없다고 부인함으로써 구성됩니다. 이러한 부인은 특히 먹이와 관련하여 더욱 두드러집니다. 비인간 동물은 우리의 먹이가 될 수 있지만, 우리는 결코 그들의 먹이가 될 수 없습니다. 공장식 농장에서 사육되는 동물은 먹이로 환원될 수 있는 것으로 여겨지는 반면, 인간은 이러한 인식 너머에 있고 절대 먹이가 될 수 없습니다. 인간의 지배는 사용의 패턴에서 나타납니다. 이 사용 패턴에서 인간은 사용자지만, 그들 자신은 다른 존재에 의해 결코 사용될 수 없습니다. 나아가 이 사용 패턴은 상품 동물을 극히 환원주의적 방식으로 구성합니다.

생태적으로 체현된 모든 존재는 당연히 다른 존재의 먹이로서 존재하지만, 서구의 인간 우월주의 문화는 우리 인간이 다른 동물과 같은 방식으로 먹이사슬 내에 위치할 수 있다는 점을 부인함으로써 인간의 생태적 체현을 부정하려고 부단히 애를 씁니다. 인간을 잡아먹는 포식자는 쫓겨났고 대부분 제거되었습니다. 우리 자신이 다른 존재를 위한 먹이라는 점을 부인하고자 하는 노력은 우리의 죽음 관습과 매장 관습 곳곳에 반영되어 있습니다. 튼튼한 관은 흙에서 서식하는 동물의 활동 범위보다 훨씬 아래에 묻히고, 무덤 위 석판은 그 무엇도 우리 몸을 파헤치지 않도록 보호합니다. 서구인의 몸이 (적어도 [매장할 만큼] 충분히 부유한 사람의 몸이라면) 다른 종의 먹이가 되지 않도록 막는 것이지요. 존엄성은 우리 자신을 빈틈없이 지키고, 우리 자신을 다른 존재와 분리시키며, 우리를 먹힐 수 있는 존재로 개념화하는 것을 거부하고, 심지어 우리를 키운 벌레와 땅에게조차 무언가를 되돌려주길 거부하는 것으로 해석됩니다. 공포 영화와 무서운 이야기는 다른 생명 형태의 먹이가 되는 것을 뼛속 깊이 두려워하는 우리의 모습을 반영합니다. 이를테면 공포는 벌레가 들끓는 시체, 피를 빨아먹는 뱀파이어, (영화 〈에일리언 1〉과 〈에일리언 2〉처럼) 인간을 잡아 먹어 치우려는 공상과학 괴물인 것입니다. 일반적으로 공포와 잔혹함은 산 사람이나 죽은 사람을 잡아먹는 다른 종에 대해 이야기하길 좋아하고, 거머리와 흡혈 모래파리와 모기가 우리 몸을 조금씩 갉아먹는 데서 기인하는 다양한 수준의 히스테리를 담아냅니다.

죽음에 이르면 인간의 본질은 우리를 키워낸 지구적 타자를 키워내기보다는 육체가 없는 비세속적 영역으로 떠나는 것으로 여겨집니다. 이러한 인간 정체성 개념은 인간을 먹이 그물 바깥과 그 위에 위치시킵니다. 인간은 호혜성의 사슬에서 먹이 잔치의 일부로 참여하는 것이 아니라 그 사슬과 분리된 외부의 조작자이자 주인으로 군림합니다. 죽음은 생명의 공동체를 키워내고 그들과 생명을 공유하는 장소가 아니라 분리와 지배와 개인적 구원을 위한 장소가 됩니다. 다른 동물의 먹이가 되는 것은 인간의 지배에 관해 우리가 갖고 있던 우리 자신의 이미지를 뒤흔듭니다. 우리는 다른 존재를 먹는 포식자로서 그들을 취하지만, 결코 우리 자신을 내어주지는 않습니다. 다른 존재는 그들의 차례에 우리를 절대 먹을 수 없고, 우리는 자신을 먹히는 관점에서 인식할 수 없습니다. 우리는 인간을 정상에 세운 합리적 능력주의의 질서에 의해 합당하게 부여된 인간의 권리로 지구적 타자를 사용하고, 그에 대한 서구 전통의 견해를 따라 그 일방적 배치를 정당화합니다. 인간은 다른 인간뿐 아니라 다른 종에 의해서도 먹힐 수 있는 존재로 개념화될 수 없습니다.

하지만 인간은 먹이입니다. 인간은 상어와 사자, 호랑이, 곰, 악어, 까마귀, 뱀, 독수리, 돼지, 쥐, 큰도마뱀의 먹이이고 수없이 많은 작은 생명체와 미생물의 먹이입니다. 생태동물주의는 이 점을 인정하고 먹이 그물 내에서 인간과 동물의 상호성과 평등, 호혜를 강조하는 원칙을 확언할 것입니다. 모든 살아 있는 생명체는 먹이고 동시에 먹이 그 이상입니다. **우리는 인간의 멋진 삶에서 우리가 먹이로 만드는 이들과의 친족 관계를 인정하는 방식으로 먹이를 얻어야 합니다. 이 방식은 우리가 먹이 그 이상이라는 점을 망각하지 않으면서 우리 자신을 다른 존재의 먹이로서 상호적으로 위치시킵니다.** 이런 종류의 설명은 어떤 존재를 도덕적 고려 아래에 두고 그에 따라 먹힐 수 있는 존재로 이용 가능한지를 결정하기 위해서 도덕적 이원론이나 엄격한 위계를 세울 필요가 없습니다. 나아가 동물이 아닌 생명을 더 작은 것으로 취급할 필요도 없습니다. 이 입장이 취하는 존중과 감사의 자세는 공장식 농장에 반대하고 먹이로 쓰이는 민감한 존재의 사용을 최소화하는 튼튼한 토대를 마련합니다.

생태적 체현을 분리가 아닌 상호 간의 존중하는 쓰임을 수반하는 것으로서 평등하게 바라보는 시각은 원주민 철학과 여러 생태사상가에 의해 분명하게 표현되었습니다. 프랜시스 쿡Francis Cook은 화엄불교의 생태철학을 설명하며 아래와 같이 기술합니다.

나는 여러 가지 방식으로 [다른] 사물에 의존하는

데, 그 방식 중 하나는 나 자신의 이익을 위해 그것을 사용하는 것이다. 그것들을 사용하지 않으면 나는 단 하루도 존재할 수 없기 때문이다. 그러므로 계속 존재하기 위해 파괴하고 소비해야 하는 이 세상에서 나는 감사와 존중을 갖추어 내게 필요한 것을 사용해야 한다. … 사물이 내게 쓰이기 위해 만들어진 것에 못지않게 나 역시 다른 존재의 쓰임을 위해 만들어졌다는 점을 받아들일 준비를 해야 한다. 이것은 호랑이의 세계이자 나의 세계고, 당근이 나를 위한 것인 만큼 나 또한 굶주린 호랑이를 위한 것이다.[4]

한 존재는 다른 존재에게 쓰이기 위한 것이라는 사실을 받아들이면 필연적으로 인간을 잡아먹는 포식자들과 자신의 영역을 기꺼이 공유하고, 인간의 지배 때문에 멸종 위기에 처한 많은 대형 동물이 본래의 범위로 복원될 수 있도록 자진하여 지원하게 됩니다. 반면 존재론적 완전채식주의가 존재

4 Franciss Cook, *Hua-Yen Buddhism: The Jewel Net of Indra*, Philadelphia, Pennsylvania University Press, 1977.

의 쓰임과 도구주의를 다루는 방식은 이와 매우 대조적입니다. 이 입장은 동물이 먹이로 쓰이는 것을 금지하는 채식을 모든 종류의 쓰임을 금지하는 완전채식주의로 확장합니다. 존재론적 채식주의자가 보기에 공장식 축산 농장에서 벌어지는 동물의 환원 문제, 그리고 동물의 소통 능력과 개별성과 기본 욕구를 부정하는 모든 문제는 단 하나의 단순한 원인에서 비롯됩니다. 바로 동물을 먹을 수 있는 존재로 취급하기 때문입니다. 존재론적 완전채식주의는 기본적으로 인간을 먹을 수 있는 존재로 상정하는 관점에 대한 금기를 공유하고 있습니다. 존재론적 완전채식주의가 더 큰 평등을 위해 이 금기를 더 넓은 계급의 존재들에게까지 확장하는 전략을 취하는 점은 상당히 흥미롭고 역설적인 특징입니다. 애초에 인간을 먹을 수 있는 존재로 여기는 것에 대한 금기가 발전한 것은 인간과 다른 동물 사이의 근본적 분리를 드러내기 위해서였기 때문입니다.

캐럴 애덤스는 여러 책과 논문에서[5] 고기 상품 개념을 환원주의적 형태로서, 그리고 그 개념과 연관된 먹이 개념과 관행을 지배의 장소로서 해석하는 매우 유용하고 철두철미한 설명을 제공합니다. 그런데 애덤스는 자신이 피력한 동물에 대한 환원과 비하가 그들을 먹을 수 있는 것으로 존재화한 결과라고 주장하기에 이릅니다.[6] 하지만 지구적 타자가 '고기'로서 경험하는 모멸적 취급에 대한 책임이 그들을 먹을 수 있는 존재로 바라보는 관점에 있다고 말하는 것은 강간이나 성적 학대에 대한 책임이 다른 인간을 성적 존재로 바라보는 것에 있다고 말하는 것과도 같습니다. 타자를 성적 존재로 바라보는 것이 강간이나 성적 학대의 핵심 조건이라고 정확히 밝혀진 바는 없습니다. 오히려 섹슈얼리티를 지배라고 여기는 데서 문제가 비롯되는 것입니다. 마찬가지로 먹이로 여겨지는 동물을 가학적 방식으로 쓰는 일의 기저에 깔린 것은 바로 먹이 관행을 인간의 지배라고 여기는 관점입니다. 다른 존재의 쓰임을 완전히 배제하는 것은 생태적 체현을 부정하는 것이며, 다른 존재를 존중하며 쓴다는 중요한 대안을 부정하는 것입니다.

애덤스는 (먹이로 쓰려는 목적이든 혹은 다른 목적이든

---

5 Carol Adams, *The Sexual Politics of Meat: A Feminist–vegetarian Critical Theory*, New York, Continuum, 1990; 'The Feminist Traffic in Animals', in Greta Gaard, ed. *Ecofeminism: Women, Animals and Nature*, Philadelphia, Temple University Press, 1993; *Neither Man nor Beast: Feminism and the Defense of Animals*, New York, Continuum, 1994.

6 Carol Adams, 'The Feminist Traffic in Animals', p. 103.

간에) 다른 동물을 사용하는 것은 그들에 대한 도구화를 수반한다고 주장합니다.[7] 애덤스는 "동물을 먹을 수 있는 몸으로 존재화하는 것은 그들을 인간 존재를 위한 도구로서 창조하는 것이다."[8]라고 지적합니다. (비록 종종 분명하지 않게 개념화될지라도) 도구주의는 억압적 개념 체계의 특징으로 널리 알려져 있습니다. 하지만 애덤스는 도구주의를 다른 존재를 이용하는 것에 연관된 것으로 잘못 정의합니다. 도구주의는 그보다는 다른 존재를 목적을 이루기 위해 쓰는 것이나 수단에 **불과한 것으로** 환원적으로 취급하는 것을 의미합니다. 도구주의를 쓰는 것과 동일하게 정의하는 것은 인간의 경우에조차 적용될 수 없는 방식입니다. 도구주의에 따른 피해를 일으키지 않으면서 다양한 목적으로 서로를 이용할 수 있는 경우가 많기 때문입니다.[9] 예를 들어 공중그네에 도달하기 위해 서로의 어깨에 서 있는 서커스 공연자들은 억압적인 도구적 관행에 전혀 관여하지 않습니다. 채소밭을 가꾸기 위해 동물의 배설물을 모으는 사람도 이에 해당하지 않습니다. 앞선 두 경우 모두 다른 존재가 사용되지만, 사용된 것 그 이상으로 보입니다. 그러니 도구적으로 취급된 것은 아닙니다. 오히려 도구주의는 환원주의적 개념을 포함하는 것으로 이해되어야 합니다. 이러한 개념에서 타자는 어떤 목적을 위한 수단에 불과한 것으로 정의되고, 존중받지 못하고 쓰이는 형태 또는 쓰이는 형태를 수합하는 대상으로 전락합니다.

문화, 자연, 불연속성: 포식을 악마화하고 예외화하기

생태동물주의는 우리 자신이 쓰임의 대상이고, 다른 존재의 모든 쓰임은 개별적 생명과 종의 생명에 대한 존중을 수반해야 한다는 점을 확인함으로써 인간을 포함한 생명 형태의 연속성을 확인합니다. 반면 존중하는 쓰기의 가능성을 차단하고 먹이를 폄하된 것으로 취급하는 존재론적 완전채식주의는 도덕적으로 고려되지 않는 것만 먹힐 수 있다고 가정합니다. 이 입장은 이어서 배타적 명령에 얽매이고, 윤리적 고

---

7 Carol Adams, 'The Feminist Traffic in Animals', p.200.

8 Carol Adams, *Neither Man nor Beast*, p.103.

9 나는 칸트가 이 문제를 기본적으로 혼란스럽게 처리한 방식에 대해 논의한 바 있다. 이에 대해서는 『페미니즘과 자연의 지배』 6장을 참조하기 바란다.

려 아래에 위치한 계급을 지정하는 어떤 구분 지점을 요구합니다. 먹을 수 있는 것이 아무것도 남지 않은 상태를 각오한 채 말입니다. 존재론적 완전채식주의는 데카르트적 이원론이 지닌 근본적 불연속성을 유지합니다. 이 입장은 윤리적 고려의 경계를 ('의식'을 소유한 고등 동물이 위치한) 다른 지점으로 옮기지만, 여전히 바깥 계급을 남겨둡니다. 이때 바깥 계급에 놓인 민감한 생명 존재는 사실상 기계적 지위로 환원되고, '윤리 너머'에 있는 존재로 여겨집니다. 이 입장은 우리의 감수성과 윤리적 반응성이 거의 인간에 가까운 계급에게까지 더 널리 도달해야 한다고 주장합니다. 그럼에도 이 입장이 윤리적 고려 너머의 배제된 계급에 대한 감수성을 감소시킨다는 점은 역설이라 하겠습니다. 살아 있는 유기체 대다수는 여전히 배제된 계급에 남아 있으니까요.

존재론적 완전채식주의가 인간/자연 이원론과 불연속성을 교묘히 지지하는 것은 이 입장이 포식을 다루고 자연/문화 관계를 설명하는 데에서도 나타납니다. 포식은 때때로 여성적 채집이 일군 평화로운 채식주 세계에 불필요한 아픔을 가져오고 고통을 유발하는 것으로서 악마처럼 묘사됩니다. 인간의 경우, 포식은 동물과 여성을 겨냥한 남성 지배의 도구적 관행으로 간주됩니다. 그러나 도구주의가 (대상을 그저 먹을 수 있는 것으로만 존재화하여) 그것의 다양한 쓰임 방법을 생각해보지 않는 것이라면, 포식이 반드시 도구적 관행인 것은 아닙니다. 특히 포식이 다른 존재가 '고기' 그 이상이라는 점을 인식하는 효과적 방법을 모색한다면 더욱 그러합니다. 그럼에도 포식은 생태적으로 불행한 예외로 나타나고, 여성과 마찬가지로 동물은 항상 희생자로 그려집니다. 애덤스는 동물 중 포식자는 20퍼센트 미만이라고 말합니다.[10] 이 주장 역시 식물과 동물 사이의 뚜렷한 불연속성에 의지합니다. 이런 식으로 포식은 부자연스럽고 근본적으로 제거될 수 있는 것으로 암시됩니다. 그러나 육식성 종의 백분율 집계가 곧 생태계 내 포식의 중요성이나 포식의 잠재적 제거 가능성에 대해 설명해주지는 않습니다.

생태동물학자는 포식 자체가 문제가 아니라 포식을 만드는 특정 사회 시스템이 문제라고 지적할 것입니다. 따라서 저는 사냥이 일부 사회적 맥락에서 해롭고 불필요하며 고도로 젠더화된 관행이라는 의견에는 동의하지만, 사냥이나 포식에 대한 일반적 악마화는 거부합니다. 이러한 일반적 악

10 Carol Adams. 'The Feminist Traffic in Animals', p.200.

마화는 원주민 문화에 대한 심각한 문제를 초래하고, 인간의 포식 문제가 동물의 포식 문제로까지 이어져서 문제를 일으킵니다. 포식을 보편적이고 존재론적인 방식으로 비난하려는 시도는 (육식동물과 잡식동물을 포함하여) 포식동물에게 필연적으로 영향을 미칩니다. 또한 포식을 인간 정체성으로부터 완전히 분리하려는 시도는 우리의 본성을 동물의 본성으로부터 과도하게 분리시키려 한 서구 전통을 다시 한번 강화합니다. 서구 전통은 원주민 문화 역시 동물과 같은 것으로 취급하였습니다. 완전채식주의 이론의 목적 중 하나가 우리와 동물이 맺은 친족과 연대를 확인하는 것이라는 점을 고려한다면, 완전채식주의자가 포식을 악마화하는 것은 포식 동물이 사라지면 더 나은 세상이 될 것이라 암시하는 역효과를 불러오기에 역설적입니다. 물론 존재론적 완전채식주의자들도 이 역설을 피하고 싶었습니다. 하지만 저는 그 시도가 성공하지 못했고, 오히려 그들의 세계관이 인간 정체성에 대한 이원론적 설명에 기초한다는 점을 분명히 드러냈다고 생각합니다.

존재론적 완전채식주의자가 포식의 중요성을 최소화하고 포식에 반대하는 입장을 인간에서 동물로 이전하는 것을 막기 위해 취한 주요 행동은 인간의 포식은 문화에 위치한 반면, 동물의 포식은 자연에 있다고 주장하는 것입니다.[11]인간이 포식에 참여하는 것은 홈스 롤스턴Holmes Rolston 같은 철학자가 정당화한 것처럼 완전한 자연 과정의 참여로서 정당화될 수 없습니다. 모리아티Paul Veatch Moriarty와 우즈Mark Woods는 단순한 자연주의에 반대하면서 "육식과 사냥은 자연적 활동이 아니라 문화적 활동"이라고 주장합니다.[12] 이들은 또한 이렇게 주장합니다. "인간의 독특한 진화적 성취인 문화가 우리를 비인간 자연으로부터 강력하게 분리했다. 우리는 생태계로부터 벗어나 자유를 찾았다… 〔그리고〕 우리는 이제 생태계의 일부가 아니다." 육식은 문화의 영향을 받기 때문에 육식은 "자연 생태계의 논리와 생명 작용에 관여하지 않는 것"으로 보일 수 있습니다.[13] 따라서 존재론적 완전채식주의자에게 인간의 사냥과 육식은 비인간 동물이 펼치는 '본능적' 포식 활동과는 완전히 다른 지위를 차지합니다. 이들에게 두 활동은 너무 달라서 이들은 인간의 사냥 활

---

11 Carol Adams, 'The Feminist Traffic in Animals', p. 399; Paul Veatch Moriarty & Mark Woods, 'Hunting ≠ Predation', *Environmental Ethics*, Vol. 19 Winter, 1997.

12 Moriarty & Woods, p.399.

13 같은 책, p.401.

동에 '포식'이라는 용어는 결코 수용될 수 없는 것으로 취급합니다.

여기에는 더 많은 문제와 역설이 있습니다. 한 가지 역설은 동물활동가들과 연관됩니다. 이들은 동물에게 윤리를 확장해야 한다는 의무를 수행하기 위해 지금껏 우리와 동물과의 연속성과 유사성을 강조해왔습니다. 그런데 이제 이들은 포식의 악마화가 동물에게로 유입되는 것을 피하기 위해 동물이 인간과 완전히 다르며 별도의 질서를 지닌 구성원이라는 점을 강조하고 있습니다. 이 관점에서 동물은 문화가 아닌 자연에 거주하는 존재로 처리됩니다. 이처럼 인간의 사냥과 동물의 포식 사이에서 문제를 유발하는 유사점을 그저 차단하기 위해 인간은 '자연에 살지 않는다'는 주장을 수용하는 것은 질병보다 더 나쁜 치료법, 그리고 어떤 형태의 생태 인식과도 양립할 수 없는 치료법을 내놓습니다. 인간이 자연 생태계의 일부가 아니라는 주장은 인간 문화가 생태계에 내재해 있고 자연에 의존한다는 근본적인 생태적 통찰을 부정하기 때문에 생태적 이해의 가장 근본적 지점과 충돌합니다. 게다가 이 주장은 많은 동물학생[14]이 마땅히 강조해왔던 중요한 통찰, 즉 문화와 배움과 선택은 인간만의 것이 아니며 비인간 동물도 문화를 가진다는 점을 부정합니다. 사실 모리아티와 우즈의 해법은 인간 정체성과 '자연'과 '문화'라는 용어에 대한 철저히 이원론적이고 과도하게 분리된 이해에 입각해 있습니다. 그토록 바란 인간과 동물의 분리에 도달하기 위해서 자연은 '순수한' 자연이자 '엄격히 생물학적'이어야 합니다. 문화는 '순수한' 문화로 이제 자연에 속하거나 자연의 것이 아닌 것으로서 인식되어야 합니다. 어떤 활동이 문화적 영향을 조금이라도 보인다면 그 활동은 이제 자연적이지 않은 것이지요. 이로써 문화는 자연으로부터 철저하게 빠져나와서 "공중의 구름 위에 높게 떠 있습니다."

물론 존재론적 완전채식주의자에게는 인간의 사냥과 육식의 단순한 자연화에 반대할 권리가 있습니다. 앞서 살펴본 바 두 주장은 충돌합니다. 육식은 문화가 아닌 자연에 있다는 주장과, 역으로 육식은 문화에 있으므로 자연에 있지 않다는 반론은 모두 잘못된 것입니다. 두 주장은 변명의 여지없이 인간/자연 이원론의 특징인 두 범주를 과도하게 분

---

14 〔옮긴이 주〕 플럼우드는 인간처럼 비인간 존재인 동물 역시 지각과 경험을 통해 자신이 속한 공동체에 적응하고 어울려 살아가는 과정을 경험한다고 주장한다. 플럼우드는 동물이 인간과 동일한 방식은 아니더라도 익힘과 숙련, 배움과 성장의 과정을 겪는다는 점을 강조하기 위해 동물학생(students of animals)이라는 표현을 사용한다.

리된 방식으로 개념화한 결과물입니다. 우리가 이 과도하게 분리된 지각을 채택하는 경우에 한해서 자연과 문화 간의 구분은 인간 포식의 악마화가 동물 포식의 악마화로 이어지는 문제를 막는 데 이용될 수 있습니다. 앞서 설명한 것처럼 인간 먹기의 모든 형태(그리고 비인간의 여러 먹기 형태)는 자연과 문화 모두에 위치합니다. 자연에서는 생명 작용에 필수적이며 확인 가능한 형태로 위치하고, 특정 문화에서는 개인적·사회적 선택과 실천의 대상이 되는 결정적 형태로 위치합니다. 먹이 활동은 자연과 문화가 완전히 혼합된 활동입니다. 대부분의 인간 활동(그리고 수많은 비인간의 활동)처럼 말이지요. 먹이는 분리된 두 영역의 조각이 그럭저럭 우연히 합쳐지는 것이 아니라 자연 안에 뿌리내린 문화의 '복잡한 질감'의 한 측면을 결정적이며 동시에 결정 가능한 관계의 논리를 통해 표현하는 것입니다. 그러므로 자연화하고 문화화하는 개념적 체계가 한 영역만을 다룬다면 그 방식은 이 문제를 다루기에 적합하지 않습니다. 이 논쟁의 양 측면은 우리 생명이 함께 얽혀 있는 방식을 부정하고, 자연과 문화가 얽혀 만드는 십자형의 서술을 부정하며, 우리의 먹이 선택이 사회적 맥락과 생태적 맥락 모두에 의해 형성되고 제약 받는다는 사실을 인정하지 않기 때문입니다.

보편주의와 자민족중심주의

존재론적 완전채식주의는 보편주의를 가정합니다. 이 보편주의는 자민족중심적이기 때문에 문화적 다양성과 소비문화의 대안을 적절하게 수용하지 못합니다. 예를 들어 애덤스의 작업은 미국 소비자의 관점을 보편화하고 다른 문화를 '일반' 규칙에 대한 예외로서 다루려는 방법론을 따릅니다. 보편주의는 예외주의적 방법론에 의해 보완됩니다. 이것은 완벽하게 절대주의적 처방을 따르기에는 너무 허약한 사람들을 위한 일종의 변명을 제공합니다. 규범이나 '이상'에서의 이탈은 필요에 따라 정당화되는 경우, "아주 드물게 발생할 수 있습니다."[15] 기껏해야 특권층 20퍼센트에 해당하는 미국중심적 문화를 상정하는 관점에서 먹기와 같은 보편적 인간 활동을 다루는 방법론은 명백히 자민족중심적인 것입니다. 이러한 관점은 세계 인구의 대다수를 '이탈'이나 예외로 취급합니다.

더욱이 애덤스는 동물을 먹이로 취하는 먹이 관행 전부

---

15 Carol Adams. *Neither Man nor Beast*, p.103.

를 상품 문화의 관행에 동화하려고 노력합니다. 이는 마치 동물 먹기의 비도구적 형태와 관련된 문화적 차이가 실제로 존재할 수 있다는 점을 애써 부정하려는 노력처럼 보입니다. '관계적 사냥'(이는 원주민의 비도구적 먹이 관행을 모델로 제시하는 섣부른 시도이지요.)의 문화적 맥락을 다루는 애덤스의 논의는 '일반적으로 동물을 먹을 필요는 없다.'고 선언하면서 채식주의자의 절대적 명령을 거부하는 자들을 비판합니다.[16] 그녀는 비상사태에 카니발리즘이 작동하는 것처럼 성공적 사냥 후에 동물을 먹는 것이 때때로 필요하지만, 그럼에도 이는 카니발리즘처럼 도덕적으로 역겨운 것이며 마땅히 혐오스럽게 표현되어야 한다고 주장하기에 이릅니다. 분명 원주민의 수렵·채집 문화는 보편주의적 이상에 훨씬 미치지 못하는 문화 중 하나일 것입니다.

존재론적 완전채식주의는 악마적 서구 '남성' 사냥에 비해 서구 여성의 '채집' 역할을 중시하는 신화적 젠더 인류학을 기반으로 합니다. 원주민 남성과 여성의 삶을 날조하는 문화적 패권의 기저에는 '남성 사냥'과 '여성 채집' 사이에 있다고 가정되는 강력한 대립이 깔려 있습니다. 이를테면 '여성'은 사냥하지 않으며 여성이 주도하는 '채집' 사회는 채식주의자의 사회이거나 식물에 기초를 두고 있다고 굉장히 포괄적으로 가정하는 것입니다.[17] 활동적이고 공격적인 남성은 전쟁이 발발할 전조가 보이는 곳에서 몸집이 큰 동물을 사냥하는 반면, 수동적이고 평화로운 여성은 농업의 기미가 보이는 곳에서 식물을 모으거나 키운다는 것이지요. 이 상상의 도식은 먹이 찾기 활동의 젠더화된 이원론을 가정하면서 현대 서구의 젠더 의미를 읽어내고 보편적 방식으로 다른 문화와 시공간에 투입된 사냥의 의미를 읽어냅니다. 그런데 이 지점에서 많은 원주민 사회에서 접하는 먹이 찾기의 혼합된 형태는 부정되고 사라졌습니다. 애덤스는 우리의 대안적 이상의 근거를 수렵 사회가 아니라 "먹이로서의 동물의 몸에 의존하지 않고도 인간이 잘살 수 있음을 증명하는 채집 사회"로 삼으라고 촉구합니다.[18] 그러나 그와 같이 온전

---

16 같은 책.

17 Andree Collard with Joyce Contrucci, *Rape of the Wild: Man's Violence against Animals and the Earth*, Bloomington, Indiana University Press, 1989; Marti Kheel, 'From Heroic to Holistic Ethics', in Greta Gaard, ed., *Ecofeminism: Women, Animals and Nature*, and 'Licence to Kill: An Ecofeminist Critique of Hunters' Discourse', in Adams & Donovan, eds., *Animals and Women*, Duke University Press, 1995; Carol Adams, 'Comments on George's "Should Feminists Be Vegetarians?"', *Signs*, Autumn 1995, pp.221~229.

한 채식주의자의 '채집' 사회는 기록된 바가 없습니다! 애덤스는 현대 원주민 여성이 먹이를 찾을 때 그 먹이 찾기 관행에는 식물 수집 외의 수많은 활동이 포함된다는 사실이 보여주는 부인할 수 없는 증거를 끝내 인정하지 않습니다. 예컨대 호주 원주민 여성의 채집은 부족이 먹는 전체 먹이 중 80퍼센트정도를 책임집니다. 하지만 여성의 '채집'은 언제나 온갖 종류의 작은 동물과 중간 크기의 동물을 죽이는 활동을 포함합니다. 이는 과거에 대한 섣부른 추측이 아닙니다. 오늘날의 관찰과 원주민의 경험을 통해 사실로 확인된 바가 그러합니다.

　동물성 음식에 대한 대안이 언제나 혹은 '일반적으로' 이용 가능하다고 가정하면서 애덤스는 소비자 선택의 맥락과 대안의 이용 가능성을 보편화합니다. 이 관점은 원주민 문화가 그 지역의 생태적 제약에 알맞게 생활 방식을 구축한다는 점을 간과합니다. 그러므로 그 지역의 생태적 제약에 상응하여 형성된 원주민 문화는 애덤스가 가정한 방식대로 특색 없는 민족문화가 아닙니다.[19] 이 세계에서 인간이 여러 장소와 생태적 상황을 성공적으로 점유하려면 적어도 일부 동물을 먹이와 그 외의 목적으로 사용해야 합니다. 북극 고지대 같은 장소들이 가장 자명한 예시입니다. 이런 곳은 1년

내내 식물 자원이 부족함에도 다른 지역 원주민의 '수렵·채집' 문화가 그와 유사하게 자리매김합니다. 일례로 호주 원주민 문화에서는 가혹한 환경에서 생존하기 위해 계절에 따라 수확할 수 있는 모든 종류의 먹이를 속속들이 꿰고 있고 그 지식을 이용해 먹이를 능숙하게 다룹니다. 그 먹이 중 일부는 여성과 아이들이 모은 동물성 음식입니다. 아주 귀중한 것이지요.

이 점은 또 다른 역설을 파생합니다. 존재론적 채식주의자가 겉으로는 생태에 민감하지만, 생태적으로 파괴적이고 생태에 무감각한 경제적 맥락을 암묵적으로 가정할 수 있다는 역설입니다. 지구 행성 전체에 의지하여 영양적 필요를 충족하는 '생물권 사람biosphere person'의 관점에서 본다면 채식주의자가 되는 것은 비교적 쉽고 동물성 음식은 불필요한 악처럼 보입니다. 이때 영양학적 필요는 소비자의 선택이 세계시장 안에서 이루어진다는 맥락에서 정의된 것입니

---

18 Carol Adams, *Neither Man nor Beast*, p.105.

19 호주 원주민 문화의 형성과 그들의 생태적 맥락에 대해서는 다음을 참조하기 바란다. Deborah Bird Rose, *Nourishing Terrains: Australian Aboriginal Views of Landscape and Wilderness*, Canberra, Australian Heritage Commission, 1996.

다. 〔경제적 맥락을 감안한다면〕이 사람의 생활 방식은 주로 파괴적이며, 이에 대해 생태적으로 책임을 질 필요가 없는 것입니다. 반면 세계시장이 아닌 작고 지역화된 생태계 안에서 영양학적 요구에 맞춰 먹이를 공급하고 생태적 책임을 짊어지는 '생태계 사람ecosystem person'의 관점에서 채식주의자가 되기란 매우 어렵고 거의 불가능한 것입니다. 생태계 사람에게 주어진 매우 제한된 선택 안에서 동물을 먹이로 취하는 것은 생존에 필수적 행위이기 때문입니다. 따라서 세계시장에 암묵적으로 의존하는 채식주의자의 먹이 접근법은 생태적 책임과 지역적 적응의 중요성을 강조하는 생태적 접근과 충돌합니다.

존재론적 완전채식주의자는 동물성 음식이 야기하는 생태적 결과라는 쟁점에 자민족 중심적이고 부적절하게 맥락화된 방법론을 적용합니다. 저명한 채식주의 이론가들이 공개적으로 옹호하는 문화적 패권과 보편주의는 지구 행성에서 일어나는 모든 육식 관행을 북미의 곡물 먹기 관행과 그 대안에 동화시킵니다. 그리고 다른 동물을 먹이로 사용하는 것과 관련해 나타나는 생태적 결과가 문화적으로 가변적일 수 있음을 의식하지 못합니다. 한편 동물방어이론가animal defence theorist들은 먹이사슬 아랫부분에서 먹이를 찾고 섭취하는 것의 생태적 이점과 건강상의 이점을 강조합니다.[20] 이러한 원칙은 유용한 일반적 지침일 수 있지만, 지역적 맥락에서 존재론적 완전채식주의자들이 인정하지 않는 변용이 많이 일어납니다. 예를 들어 서부의 호주 밀 지대를 살펴봅시다. 이곳은 곡물 생산을 하면서 토지가 황폐화되었습니다. 이에 따른 생태적 비용(비인간 동물이 겪는 피해도 포함되어 있습니다.)은 극심합니다. 이곳에서는 캥거루처럼 자유롭게 생활하면서 목초지에 영향을 덜 끼치는 방목 동물을 먹는 것이 적어도 곡물을 먹는 것에 비해 생태적 비용이 훨씬 절감됩니다. 이렇게 본다면 이런 맥락에서의 완전채식은 가장 해를 덜 끼치며 생태적 비용도 가장 적게 드는 방식으로 먹어야 한다는 의무와 충돌할 수 있습니다.

이처럼 완전채식주의가 반드시 생태적 비용을 최소화하는 것은 아니며, 어떤 상황에서는 생태적 섭식과 충돌할 수 있습니다. 하지만 채식주의를 지지하는 보편주의자들은 채식주의의 방법이 생태학적으로 가장 비용이 적게 드는 방

---

20 John Robbins, *Diet for a New America*, Walpole, N.H, Stillpoint, 1987; David Waller, 'A Vegetarian Critique of Deep and Social Ecology', *Ethics and the Environment*, Vol. 2 No. 2, 1997, pp. 187~198.

법과 항상 일치하고 모든 지역에서 그러하다는 점을 증명하기 위해 고안된 단순한 주장을 내세웁니다. 예를 들어 데이비드 윌러Daivd Waller는 북미의 상황에서 도출된 육류와 곡류 섭취의 생태적 비용에 대한 통계를 어디에든 보편적으로 적용 가능하며 결정적인 것으로서 인용합니다. 이러한 비교는 채식이 생태적으로 더 훌륭하며, 동물 권리와 생태적 윤리 사이의 갈등은 채식으로 해결될 수 있음을 보여주기 위해 이루어집니다. 이와 같은 보편주의적 비교는 인간이 사용하는 곡물의 생산에는 생태적 비용이나 동물의 생명을 담보로 하는 비용이 거의 없다고 가정합니다. (그렇지만 건조지에서의 곡물 생산은 땅과 생물 다양성에 큰 피해를 줍니다.) 보편주의자는 식용으로 사용되는 대부분의 동물이 곡물을 섭취하지 않는다는 사실을 간과하고, 동물이 풀을 뜯는 목장이 종종 농작물 경작에 적합하지 않다는 사실을 무시합니다.

행동주의에 대한 적합성

존재론적 완전채식주의는 주로 잘못된 대조에 의존하여 호소합니다. 이 대조는 완전채식주의와 동물을 환원하는 상품문화적 전통과 인간/자연 이원론의 사이에 놓여 있습니다. 이 대조는 아예 사용하지 않는 것과 지배와 부정에 기초하여 무자비하게 사용하는 것 사이의 대조입니다. 그렇지만 사실상 소외와 지배 사이의 선택이라 하겠습니다. 애덤스가 펼치는 자민족중심주의적인 존재론적 완전채식주의는 고기와 먹이로서의 동물 사이의 구별을 모호하게 만들면서 이 그릇된 대조를 이어받고 있습니다. 고기는 지배의 관점에서 결정적인 문화적 구성물인 반면, 먹이로서의 동물은 문화적으로 결정 가능한 것입니다. 고기는 도구주의적·환원주의적 체계의 결과입니다. 하지만 먹이로서의 동물 개념은 고기로의 환원과 부정에 저항할 수 있는 수단을 허용합니다. 이는 먹을 수 있는 생명 형태를 먹이 그 이상으로 존중함으로써 가능해집니다. 인간을 포함한 우리 모두가 먹을 수 있는 것으로 생태적으로 존재화되어야 한다는 점이 우리가 고기로서 환원적으로 존재해야 한다는 의미는 아닙니다. 우리 몸의 체현 조건으로서 먹이 그물에 참여하는 방식이 반드시 고기일 필요는 없습니다. 먹이는 고기와 다릅니다. 우리 모두가 언제나 고기 이상이라는 점을 인정하지 않는 환원적인 고기 범주와 달리 먹이는 과도하게 분리된 범주가 아니며 생명을 존중하지 않는 범주가 될 필요가 없습니다.

고기와 먹이에 대한 구분은 생태동물주의가 어떤 지점에서는 존재론적 완전채식주의와 같은 주장을 하도록 만듭니다. 두 입장은 공히 인간이든 비인간이든 어떤 존재도 그저 고기로서 환원적으로 존재해서는 안 되고, 이런 이유로 동물의 환원적 상품화 또한 반대해야 한다고 주장합니다. 그러나 존재론적 완전채식주의와 달리 생태동물주의는 체현된 모든 생명 존재는 먹이이자 먹이 그 이상이라고 주장합니다. 그리고 이 주장을 통해 동물 상품화에 대한 반대를 생태적, 문화적 다양성의 틀과 결합합니다. 다시 말해 동물 상품화에 대한 반대를 생태적 존재론과 결합하는 것이지요. 먹이 관행에 대한 세심한 맥락화는 문화적으로 패권적 보편주의보다 행동주의에 훨씬 더 나은 지침을 제공합니다. 생태동물주의는 '합리화된' 축산 상품 관행에 반대하는 강력한 기반을 제공할 수 있습니다. 축산 상품 관행은 동물을 그저 살아 있는 고기로 환원합니다. 이 관행은 분명 현대 서구에서 가축 동물이 겪는 심각한 고통에 책임이 있습니다. 생태

동물주의는 필연적으로 좀 더 유연하고 덜 독선적이며 덜 보편주의적이면서도 동물방어운동 활동가들의 주된 관심사를 뒷받침할 수 있습니다. 생태동물주의는 동물을 학대하는 현대 먹이 관행에, 특히 공장식 축산에 가담하지 말라고 요청합니다. 생태동물주의는 현대 도시 환경에서 채식주의자가 되어야 할 이유가 충분하다는 점에 동의할 수도 있습니다. 먹이의 출처는 추적 불가능하고, 동물에 대한 대우가 잔혹하거나 환원적이지는 않은지 알 길이 없는 환경이니까요. 그러나 생태동물주의의 관점에서 보는 채식주의는 우리가 상호적으로 먹이라는 조건에 느끼는 존재론적 역겨움이나 '시체'에 대한 혐오를 대변하지는 않습니다. 오히려 동물을 한낱 '고기'로 환원하고 그들의 삶을 상품화하는 특정 사회에서 동물의 생명과 죽음이 처한 용납할 수 없는 조건에 항의합니다. 동물이 '고기'로 환원될 때, 이 '고기' 개념은 우리와 지구에 대한 동물의 요구를 최소화합니다. 생태동물주의자는 생태적 세계가 포식을 필연적이고 우연적으로 포함하고 있을지라도 이 세계를 긍정합니다. 반면 존재론적 채식주의자는 이 생태적 세계를 거부하는 데 전념합니다.

사실상 존재론적 채식주의의 체계는 전혀 쓰지 않는 것과 완전히 도구화하는 쓰기 형태 사이에서 잘못된 선택을 합니다. 이 틀은 모든 종류의 쓰기를 도구주의로 취급함으로써 가장 사려 깊고 생명을 존중하는 농장 형태조차 최악의 형태인 공장식 농장과 같다고 파악합니다. 전자의 농장 형태는 그들이 늘 해온 방식대로 삶을 영위할 수 있게 하고 그 종의 생명을 존중합니다. 이와는 달리 후자의 농장 형태에서 동물의 삶 전체는 일그러지고 도구화됩니다. 존재론적 완전채식주의는 양 극단에 놓인 대안('동물을 먹는 자 또는 동물을 먹지 않는 자')을 주장합니다. 이로써 선봉자가 내세우는 완전한 절제라는 입장 외에 잠재적으로 더 많은 사람과 공유할 수 있는 유용한 중간 입장을 가려버립니다. 예를 들어 동물성 음식을 대폭 줄이고, 동물의 생명이나 다른 종을 존중하지 않는 '고기' 형태의 구매를 거부하는 반半채식주의자의 입장이 이에 해당합니다. 다른 존재를 먹을 수 있는 것으로 존재화하는 것을 금지하는 애덤스의 논의에서 생태적 존재론과 존중하는 쓰기를 위한 자리는 없습니다. 이 자리는 먹이사슬을 지배나 소외가 아닌 호혜성의 관점에서 이해하는 대안적 모델이 차지할 수 있습니다. 이를테면 먹이사슬은 모든 생명종이 궁극적으로 다른 존재의 먹이로 참여하여 생명을 교환하고 공유하는 성체이자 모든 존재는 먹이 '그 이상'이라는 점이 인정되는 곳입니다.[21]

사적 전향과 개인적 절제를 지나치게 강조하는 것은 개인의 도덕적 순결을 내세우는 전위 정치에 주력하는 일입니다. 결과적으로 다른 사회 운동과의 정치적 연합과 연맹에 기반을 둔 다른 형태의 대중 행동은 충분히 개발되지 않았고 제대로 이론화되지도 않았습니다. 이런 점에서 해방적 방향을 되찾는 것은 채식주의를 사적 미덕과 자기 부정의 정치로 바라보는, 지나치게 개인화되고 문화적 패권을 지닌 선구자적 관점을 익히 알려진 그 독선과 고결한 척하는 태도와 함께 대체하는 일입니다. 다름 아닌 더 주의 깊게 맥락화된 채식주의와 집단 행동을 위한 다양하고 정치적으로 세심한 일련의 전략들로 말이지요. 특히 공장식 축산 농장 체계가 동물에게 일상적으로 가하는 잔혹 행위를 정당화하는 경제적 합리성 체계에 책임을 묻는 것도 빼놓을 수 없습니다.

---

21 Gary Snyder, *The Practice of the Wild*, New York, North Point Press, 1990를 참조하기 바란다. 애덤스는 '관계적 사냥'에 대한 토론에서 호혜성과 관련하여 "죽은 동물은 이 교환에서 무엇을 받는가"하고 질문한다 (1994, p.104). 이에 대한 답은 동물은 교환과 체현이 만드는 순환의 일부로서 이미 그 존재 안에 생명을 받았다는 것이다. 이 지점에서 우리가 이해해야 하는 것은 생명 교환과 생명 공유의 순환인 먹이사슬 안에서 모든 존재는 궁극적으로 다른 존재를 위한 먹이로서 참여한다는 점이다.

7장 무미:
먹이로서 죽음에 접근하기

먹이/죽음

두 차례에 걸쳐 죽음과 조우한 경험은 서구의 일반적 죽음 서사, 다시 말해 기독교 유일신론자의 서사와 근대 무신론자가 펼치는 서사에 근본적 불만을 갖게 만들었습니다. 저는 두 전통 모두 환경 위기를 조장하는 인간예외주의와 자연과 문화 간의 과도한 분리를 계승했다고 생각합니다. 반면 예외주의에 도전하고 인간의 죽음을 지구 공동체의 호혜성의 관점에서 파악하려는 애니미즘 의식과, 그 매장 관습을 발전시키려는 고무적 신호도 있습니다.

악어에 의해 죽음에 가까운 경험을 겪은 이래, 저는 우리의 세계관이 지구 행성에 동물이 존재하는 가장 기본적 특징을 부정하고 있다고 느꼈습니다. 바로 우리가 먹이이며 죽음을 통해 다른 존재에게 영양을 공급한다는 점입니다. 앞선 글에서 언급했듯 서구 근대성의 인간예외주의는 우리 선조에게는 친숙한 먹이/죽음의 관점을 생명의 바깥에서 구조화했습니다. 인간 먹이성에 대한 관심은 참 맛없는 것이지요. 물론 우리 모두는 살아가는 동안, 그리고 죽은 다음 모든 종류의 아주 작은 생물에 의해 매일 조금씩 갉아 먹히고 있습니다. 하지만 미시적 맥락에서 우리 존재의 본질적 먹이성은 좀처럼 알아차리기 어렵습니다. 그에 비해 몸집이 아주 큰 포식자가 우리를 아작아작 먹어치울 때, 우리의 먹이 성은 두드러집니다.

근대의 자유주의적 개인주의는 우리가 우리의 생명과 몸을 소유한다고 가르칩니다. 우리 생명과 몸은 우리가 정치적으로 운영하는 기업이자 다양한 방식으로 이야기를 구성하고 쓰며, 연기하고 읽어내는 한 편의 극입니다. 우리는 초개인적 존재로서 그 누구에게도 빚진 것이 없습니다. 어머니에게도 빚지지 않았지요. 그리하여 우리는 저 막연한 지구 공동체로부터 우리 자신을 동떨어지게 만듭니다. 종과 개체 차원에서 모두 예외적인 인간은 다른 동물과 같은 방식으로 먹이사슬 내에 위치할 수 없습니다. 인간을 잡아먹는 포식은 이례적이고 괴물 같은 것으로 치명적 보복의 대상이 됩니다. 인간 정체성을 관장하는 지배 개념은 인간을 먹이사슬의 바깥이나 그 위에 둡니다. 인간은 먹이사슬이 제공하는 호혜성의 잔치에서 그 일부가 될 수 없습니다. 동물은 우리의 먹이가 될 수 있지만, 우리는 결단코 그들의 먹이가 될 수 없습니다. 인간예외주의는 인간을 다른 존재를 잡아먹는 자, 그렇지만 절대 다른 존재에게 잡아먹히지는 않는 자로 위치시키고, 자아와 상품과 물질성과 죽음에 관한 지배 관행을 깊게 형성합니다. 우리에게는 생태적 문화를 위한 중대한 재사유가 필요합니다.

서구가 죽음을 다루는 방식에는 문제가 있습니다. 서구는 본질적 자아란 육신을 떠난 영혼이라고 바라보고, 잘못된 선택지를 제시합니다. 그 선택지 중 하나는 정신 영역에서의 연속성과 영원성이고, 다른 하나는 죽음이란 물질적이고 체현된 자아의 이야기가 끝맺음하는 곳이라고 보는 환원적 유물론의 개념이지요. 죽음에 대한 딜레마의 양극은 끔찍한 대가를 치릅니다. 전자의 경우 지구로부터 소외되고, 후자의 경우 자아에 대한 서술적 연속성과 의미를 상실합니다.

자아와 죽음에 대한 원주민의 애니미즘 개념은 이 치명적으로 잘못된 선택을 깨고, 지구와 함께, 그리고 지구를 통해서 반응하는 생태적 소통 형태를 제안합니다. 생명을 순환이자 선조 공동체가 전하는 선물로 이해함으로써 우리는 죽음을 재생하는 것으로, 곧 생명의 기원을 이루는 선조 공동체와 생태 공동체로 흘러들어가는 것으로 바라볼 수 있습니다. 서구가 죽음에 맞서 생명 전쟁을 일으킨 전쟁터는 영혼과 동일시되는 사후세계이자 환원되고 의료화된 물질적 생명입니다. 반면 원주민의 상상력은 어느 정도는 서사를 통해또 어느 정도는 죽음이 생명을 키워내는 (극히 서사화된) 땅으로 돌아가는 일이기 때문에 죽음을 생명의 일부로 바라봅니다. 생명에 대한 이런 시각은 땅을 생명을 키워내는 영토로 상상하게 만들고, 죽음이란 특히 이 땅의 지형과 생명과 영양을 공급하는 생태적 타자와 물질적 연속/재결합을 이루는 것이라고 상상하게 합니다. 특히 이 땅의 지형과 삶에 그러한 전망을 제시합니다.

저는 우리와 접촉이 끊겨버린 먹이/죽음에 대한 상상이 더 큰 지구 공동체의 구성원으로서, 그리고 근본적 평등과 상호 양육, 상호 지지를 나누는 구성원으로서 우리 자신을 생태학적으로 다시 상상해보는 열쇠라고 제안합니다. 이는 통합이라는 애매모호한 개념이 아니라 겸손과 자제라는 구체적 실천 측면에서 우리를 다시 상상하는 것입니다. 우리가 이 관점을 상실한 것은 우리 자신과 세계, 앎에 대한 겸손하지만 매우 중요한 측면을 상실한 것입니다. 우리는 지구 공동체의 맥락 안에서 연속성과 위안, 그리고 의미와 희망을 찾는 법을 배울 수 있습니다. 더불어 지구 행성과 협업하는 법을 배울 수 있습니다. 이러한 배움은 지구 행성에 맞춰 적응하려는 우리의 노력을 종종 좌절시키는 위계적이고 예외적인 문화 체계를 대체할 것입니다.

무신론, 예외주의, 천국론

죽음에 대한 개념을 흐트러트린 두 번째 경험은 제 아들을 시골의 작은 공동묘지에 매장한 일입니다. 이곳은 실로 놀라운 식물 공동체의 피난처이기도 했습니다. 저는 이 경험으로부터 급진적 애니미즘의 관점에서 정체성을 다시 개념화하는 것이 죽음을 상호 양육에 담긴 호혜적 윤리의 측면에서 다시 상상하게 하는 방법이라는 점을 배웠습니다.

우리가 다른 존재의 먹이라는 점을 인정하지 않는 예외주의자의 부인은 우리의 전통적 죽음 관습과 매장 관습 곳곳에 반영되어 있습니다. 튼튼한 관은 흙에 사는 동물의 활동 범위보다 훨씬 아래에 묻히고, 무덤 위의 석판은 그 무엇도 우리 몸을 파헤치지 않게 보호합니다. 그리하여 서구인의 몸이 다른 종의 먹이가 되지 않도록 합니다. 아들을 묻기 위해 찾은 지역 공동묘지는 수풀로 둘러싸여 있었습니다. 이곳은 예외주의적 천국론과 예외주의적 무신론에 반대되는 모더니즘적 드라마가 강렬하게 펼쳐진 곳이었습니다. 묘지에 처음 방문했던 어느 화창한 가을날, 그곳은 묘하게 고요했고 참으로 아름다웠습니다. 마치 인간의 유한성을 받아들이는 듯한 충만한 느낌이 스며드는 곳이었습니다. 과거의 매장 때문에 지구에 만들어진 상처는 이미 치유된 지 오래였고, 몇몇 파헤쳐진 흉터가 최근에 이뤄진 매장을 증언하였습니다. 그러나 신학자 노만 하벨Norman Habel이 '천국론'이라고 부른 예외주의적 상상은 묘지 출입문 근처의 오래된 기념물을 빚었습니다. 150년 이상을 거슬러 올라가는 기념물이지요. 대리석 혹은 사암으로 만들어진 높은 기둥은 멀리서 보면 수의로 덮인 창백한 형상처럼 섬뜩합니다. 그 형상은 이미 땅에서 해방되어 위쪽으로의 여정을 시작한 듯 보입니다. 근대 초기에 세워진 묘비 대부분에는 천상의 집을 연상시키는 비문이 새겨져 있습니다. "사랑하는 남편이여, 평온히 잠드소서/신은 때가 되었을 때 그대를 부르셨도다."와 같은 문구이지요. 많은 묘비명이 지구는 열등한 장소이자 뒤에 남겨두고 떠나는 것이 최선인 장소라고 주장합니다. "신이 축복하고 천상의 안식처로 데려간 자들을 애도하지 마소서./그들은 모든 슬픔과 비탄과 고통으로부터 해방되었도다./우리의 상실은 그들의 영원한 보상이도다."

천국론에 따르면 지구는 기껏해야 임시 거처에 불과합니다. 인간의 진정한 집은 지구 너머 천국에 있습니다. 6피트 아래 묻힌 튼튼한 나무 관이나 강철 관은 천국에 묶인 몸을 가능한 한 오랫동안 지구와 다른 생명 존재로부터 분리하고, 몸이 고귀한 집을 향해 떠날 수 있게 보존하는 것을 목표로 합니다. 죽음과 연속성 문제에 대한 초월적 해법은 우리를 육화되고 소멸되는 부분과 결코 소멸될 수 없는 '정신' 부분으로 나눕니다. 전자는 땅에 속하고 후자는 천국에 속합니다. 몸은 부패하지만, 진정한 자아인 영혼은 따로 떨어진 영역에서 영원한 생명을 얻습니다. 정체성과 연속성 문제에 대한 이러한 초월적 해법은 우리가 다른 형태의 생명과 친족이라는 점을 부인하고 우리 존재가 공유하는 결말, 즉 우리가 다른 존재를 위한 먹이라는 점을 부인하는 데 매달립니다. 천국론은 매우 예외주의적이며, 천국론의 장례 관습은 물질성을 개탄하거나 악마화합니다. 인간의 몸을 지구로부터 과도하게 분리시키고, 다른 생명 형태에게 유익한 부패를 방해합니다. 이때 묘지 자체는 신성한 땅으로, 그 너머의 불경하거나 타락한 지역과 달리 예외적인 곳입니다.

1920년대 이후의 매장 관습은 애초에 다른 방식으로 예외주의적 역학을 표현합니다. 묘비에 새겨진 손가락[1]이 가리키는 창백한 혼은 사라졌습니다. 대신 그 자리를 거대한

---

1 〔옮긴이 주〕 몇몇 서구 묘비에는 비록 죽은 몸은 이곳에 묻히지만, 영혼은 하늘로 올라간다는 의미가 담긴 손가락 그림이 새겨져 있다.

회색빛 콘크리트 판이 차지했습니다. 직사각형 판의 곧게 뻗은 선과 광택 나는 표면에는 근대 합리주의와 환원적 유물론의 뚜렷한 비전이 새겨져 있습니다. 이 기념물은 근대성이 금기하는 큰 주제인 죽음에 대해 침묵하고, 최소한으로 새겨진 비문은 이 자리에 묻힌 사람의 이름과 머물렀던 기간 그 이상을 알려주려 하지 않습니다. 이제 거대한 석판은 죽은 자를 그의 주변 환경과 훨씬 더 강력하게 분리하고, 썩어가는 몸이 다른 형태의 생명에 영양을 공급하지 못하도록 합니다. 이 초고가의 기념물에 초라한 표현밖에 새겨지지 않는다는 사실은 근대적 환원주의 패러다임 한가운데의 침묵과 그것의 죽음에 대한 관점을 대변합니다. 생명에 반하는 묘석의 기능은 현대의 제초제 기술에 의해 강화됩니다. 대개의 묘석은 넓고 횅한 묘역에 둘러싸여 있습니다. 그 주변을 에워싸는 초목은 제초제로 오염되었습니다. 이제 묘지 주변에는 아무것도 자랄 수 없습니다.

이 생명 없는 영역은 인간과 자연을 극도로 분리하고 죽음을 생명으로부터 분리된 것이자 반대되는 것으로 여기는 초월적 이상을 현대적이고 구체적인 방식으로 표현합니다. 초월적 이상의 매장 관습은 내세에서의 종교가 아닌 자연에 맞서는 현세의 기술·의료 전쟁으로 인간의 유한성을 물리치고자 한 데카르트적 계획과 인간예외주의를 표현합니다. 제가 환원적 유물론에 대해 밝혔듯[2] 현대 서구 정체성은 연속성의 내세적 기반과 의미를 거부했지만, 연속성이나 인간 생명의 체현성에 대한 다른 만족스러운 맥락이나 결정적인 의미를 제시하지는 않았습니다. 근대성은 과거의 환영을 벗어던졌다는 점에 심취했지만, 정작 천상적 환영을 대체할 생태적이거나 지구적인 정체성 또는 서사를 제공하는 데는 실패하였습니다. "죽음이 자연과의 통합을 표현하는 한, 이는 이원적 타자로서, 그 자체로 의미를 박탈 당한 존재로서, 그저 물질로서 간주된 자연 질서와의 통합입니다. … 죽음은 무와 공백, 끔찍하고 불길한 종점이며 죽음의 유일한 의미는 의미가 없다는 것뿐입니다."[3] 죽으면 지구를 떠나는 초월에 대한 진부한 서사는 힘을 잃었습니다. 그렇다고 하여 근대성이 세속적 삶에 대한 의미 있거나 새로운 고무적 서사로 그를 대체하지도 않았습니다. 바로 이 지점에서 묘비는 죽음을 둘러싼 근대주의자의 회피를 아주 분명하게 표현합니다.

이 분석에 따르면 환원적 유물론과 이에 연관된 무신론

---

2 Plumwood, 1993, p.101.
3 〔옮긴이 주〕문장의 출처는 다음과 같다. Plumwood, 1993, p.102.

적 유형은 천국론의 문제를 거부하는 것이 아니라 그것을 절단된 형태로 유지하고 심지어 긍정하는 것입니다. 본래의 정신과 물질의 분리는 유지되지만, 앞서 평가절하된 쪽(즉 몸과 물질성)이 이제 긍정되는 역전이라 하겠습니다. 하지만 이는 이원론적 문제를 진정으로 치유하기 위해 반드시 필요한 물질성에 대한 온전한 재고 없이 일어나는 역전입니다. 현대 무신론과 인본주의, 유물론의 상당수는 그저 일부가 잘려나간 이원론과 환상이 깨진 천국론을 표현할 뿐입니다. 따라서 자아와 몸에 대한 의미와 위안, 연속성을 대안적으로 구성하는 서사를 제공하는 데는 실패합니다. (그러므로 이런 종류의 유물론은 스스로 주장하는 것처럼 대담하고 새로운 시작이 아닙니다. 그저 잃어버린 반쪽에 시달리고 있는 것뿐이지요.) 제가 주장하는 것은 자아에 대한 생태적 이해가 바로 그러한 서사와 관습의 재구성에 관심을 집중할 수 있다는 것입니다. 지금 우리에게 실로 필요한 것이지요.

정신 혹은 물질처럼 전통적으로 이원화된 선택들이 죽음에 대한 주요 딜레마의 틀을 만들고 있습니다. 오늘날 서구에서 목도되는 바가 그러합니다. 예를 들어 소외된 **연속성**과 환원적·유물론적 **불연속성** 사이의 (서사) 선택 같은 딜레마입니다. 다시 말해 물질적 죽음이라는 예견된 최후인가 아니면 서사 없음의 서사인가의 문제입니다. 환원적 무신론과 유물론의 내재적 선택에서 인간 몸은 정체성에 있어 여전히 본질적이지 않고 주변적인 것으로 간주되기 때문에 죽음을 넘어서는 어떤 연속성도 몸에 기초할 수 없습니다. 최근 세상을 떠난 영화배우 캐서린 헵번Katherine Hepburn은 죽기 직전 어느 짧은 인터뷰에서 무신론을 공언하면서 "죽음은 최후"고 그 뒤에 남겨진 것은 없다고 용기 있게 단언했습니다. 환원적 유물론은 특히 죽음이란 이야기의 최종 결말이라는 최종성 테제Finality Thesis로 나타납니다. 근대주의자의 침묵하는 거대 묘비에는 바로 이 이야기의 상실과 서사 없음의 서사가 표현되어 있습니다.

애니미즘적 죽음: 또 다른 이야기

최종성 테제는 종래의 유신론적 입장과 무신론적 입장이 물질에 대한 이해에 있어 어떻게 협력하는지 분명하게 보여줍니다. 두 입장은 물질을 자아에 꼭 필요하지 않고, 죽음으로 대표되는 결말에서 전적으로 뒤에 남겨진 환원된 영역으로 바라봅니다. 물론 **몸**은 그저 '끝'난 것이 아니므로 부패하거나 분해됩니다. 비록 몸은 이전의 조직 형태를 잃지만, 물질과 생명력을 공유하면서 새로운 형태를 취하거나 새로운 형태로 통합됩니다. 이 과정에는 연결과 죽음 이후의 서사가 아주 풍부하게 존재합니다!

최종성 테제는 자아를 영혼과 동일시하는 천국론을 은밀히 이어나가고, 정신과 물질 이원론에서 비롯된 몸과 물질성에 대한 환원주의적이며 비서사화된 이해에 의지합니다. 최종성 이야기는 우리의 본질적 요소는 의식이기 때문에 의식이 끝나면 '우리'도 최후를 맞이한다는 이원론적·데카르트적 명제를 미묘하게 수용합니다. 이 명제에 따르면 의식이 최후를 맞이하면 우리 또한 자아의 최후를 마주할 수밖에 없습니다. 그러나 이 지점에서 자아와 자아의 경계에 대한 조금 더 유연하고 체현된 개념을 적용하여 연속성의 서사를 제시할 수 있습니다. 그 안에서 서사는 계속됩니다. 이제 인간 주체에 대한 이야기가 주가 되지 않더라도 말입니다.

죽음 이후에 대한 환원적 설명과 비환원적 설명에는 중요한 차이가 있습니다. 천국론의 내세 개념은 인간 영역을 배타적으로 분리시켜 예외주의를 표현하는 반면, 환원적 유물론은 내세를 부재와 무효의 관점에서 취급합니다. 하지만 생태적, 애니미즘적 유물론에 따르면 내세는 긍정적이고 생태적인 현존이자 다른 종의 생명에 남겨진 분명한 흔적입니다. 이야기가 없는 것이 아닙니다. 오히려 또 다른 이야기가 계속 이어지는 것입니다.

생명을 순환하는 것으로 인식하고 우리의 죽음을 다른 생명을 위한 기회로 이해한다면 특권적·기술적 지배와 초월성으로 영원한 젊음을 움켜쥐려 하는 인간의 탐욕과 배은망덕을 저지할 수 있습니다. 죽음은 개체 수준에서 생명의 찰나성을 확정하지만, 생태적 수준에서는 지속적이고 탄력적인 순환 또는 과정을 보여줍니다. 그리하여 제가 처음 방문했던 묘지는 죽음을 향한 환희의 전망으로 슬픔을 치유하는 길을 드러내 보였습니다. 그곳에서 죽음은 평온하고 아름다운 경치로 흘러들어가고, 더 정확히 말하면 여정을 떠나는 것처럼 보였습니다. 그 평온함은 환영으로 밝혀졌지만, 생태 공동체로 진입하는 장으로서의 매장과 몸의 부패에 대한 비전은 환영이 아니었습니다.

상응하는 무덤 관행과 매장의 상징주의는 다른 형태의 생명을 배척하기보다는 그들에게 영양을 공급하고자 합니다. 또한 우리가 죽음 속에서 비인간으로 전환되는 것을 악마화하기보다는 긍정하는 것을 목표로 삼습니다. 제 아들의 묘지에 잔디 묘를 세우고, 그곳에서 포스트모던적 매장의 감성이 피어나는 전조를 알아챈 것은 참 고무적인 일입니다. 이곳은 적어도 무덤에서 살아 있는 생명이 자라나야 한다는 점을 받아들입니다. 의식의 벌레가 마침내 방향을 틀어 인간 역시 재순환한다는 생각을 받아들인 걸까요? 묘비의 콘크리트 판으로 대변되는 인간 분리의 확고한 규범에 도전하기 시작한 걸까요?

물론 묘비에 돌을 사용하는 것 자체가 문제가 되는 것은 아닙니다. 돌판의 예속되고 도구화된 현재적 형태인 콘크리트판이 문제인 것도 아닙니다. 우리의 정신 문화가 인간예외주의를 보좌하기 위해 돌을 동원한 방식이 문제입니다. 우리 문화는 (플라톤의 용어로 '변화의 세계'인) 생명을 배제하고 부인하기 위해, 그리고 인간 본질을 불변하는 영원성의 질서와 연관시키기 위해 돌을 동원했습니다. 생명의 초월성을 긍정하기 위한 돌의 쓰임은 우리가 몸을 지닌 존재이자 생태 질서의 평범한 구성원이라는 점을 망각합니다. 또한 우리 생명이 우리보다 앞선 존재들이 모여 체현된 공동체로부터 온 선물이라는 점을 망각합니다. 우리는 이 공동체를 키워내야 합니다. 초월성을 확증하기 위한 돌의 쓰임은 돌이 지구의 몸(혹은 오히려 뼈대)이라는 점을 망각하고, 다른 뼈대와 마찬가지로 부패하기 쉽다는 점을 망각합니다. 이러한 돌의 쓰임은 파충류 역시 잊어버립니다. 최근 엉겅퀴를 뽑기 위해 아들의 무덤을 방문했을 때, 가시 돋친 주황빛 입을 번쩍이며 반항적 자세를 취한 작고 예민한 도마뱀 한 마리가 저를 뒤쫓았습니다. 묘석이나 묘비의 콘크리트 판은 도마뱀이 사냥하고 햇볕을 쬐는 훌륭한 장소가 될 수 있습니다. 어쩌면 그 안에 작은 파충류 쉼터를 설치하도록 디자인할 수도 있겠지요. (파충류를 정원으로 되돌아오게 합시다!)

　애니미즘 혹은 생태적 유물론이 꿈꾸는 상상의 측면에서 죽음과 성스러운 것을 다시 개념화하려면 우리 문화에서 규범화된 죽음에 대한 다른 철학과 감상, 도상학이 필요합니다. 이것은 묘지를 앞서 지구에 거주한 신성한 존재와 그들을 따로 떨어트리는 장소가 아니라 그들과 결합하는 장소로서 추앙하고, 인간을 인간 이상의 것으로 변화시키는 해체의 과정을 기립니다. 서구 의식에 그토록 깊이 뿌리박힌 인간예외주의를 극복하는 것은 애미니즘·유물론적 영성이 우리에게 감정적으로, 그리고 문화적으로 가능해지기 위해서 반드시 필요한 결정적 전제 조건입니다.

인간, 먹이가 되다

— 인간을 겸손하게 만드는 생명과 죽음의 생태적 순환 이야기

인간이 아무리 안 그런 척 행동해도
인간은 자연의 일부다.[1]

— 레이첼 카슨, 『침묵의 봄』 중에서

생태 위기, 새로운 대멸종이 온다

2019년 9월 호주 동남부의 뉴사우스웨일스 지역에서 작은 산불이 일어났다. 금방 꺼질 줄 알았던 이 불의 기세는 장장 6개월간 지속되며 약 30억 마리에 달하는 동물의 생명을 앗아갔다. 사나운 속도로 영토를 넓혀가는 불길 속에서 미처 피난처를 구하지 못한 코알라와 웜뱃, 캥거루를 비롯해 많은 야생동물이 생명을 잃었고, 삶의 터전을 상실했다. 호주 정부가 발표한 한 보고에 따르면 호주에서 지난 5년간 멸종위기종 목록에 추가된 동식물 수는 무려 200종을 넘어선다. 이처럼 날이 갈수록 가속화되고 가중되는 기후 위기는 지구

---

1 〔옮긴이 주〕레이첼 카슨. 『침묵의 봄』, 김은령 옮김. 에코리브르, 2011, 216쪽.

에 닥친 제6의 대멸종 시대를 경고하는 듯하다.

　인간이 끼치는 파괴적 영향력에 주목하고 그에 따른 반성과 책임론을 수반한 인류세 담론이 부상하고 있지만, 어딘지 삐거덕거리고 있다. 코알라와 웜뱃뿐 아니라 인간 또한 다른 생명종과 마찬가지로 멸종의 대상이 될 수 있다는 가혹한 사실을 인정하고 싶지 않기 때문이다. 하지만 생물학자 에드워드 윌슨Edward Wison이 고독함의 시대the age of loneliness를 가리키는 고독세eremocene라는 용어로 경고했듯**2** 인간은 이 생태 위기로부터 결코 홀로 생존할 수 없다. 생물 다양성의 파괴는 곧 모든 생명종의 공멸이라는 비극적 목적지로 향하기 때문이다. 동물처럼 단단한 가죽이나 날카로운 발톱이 없는 인간이 이 지구 행성에서 폭발적으로 개체 수를 늘릴 수 있었던 건 다른 생명종의 생명에 기댄, 아니 오히려 그 생명을 앗아간 덕분이라 하겠다. 마치 주변을 잠식하여 종국에는 다른 식물이 뿌리내리지 못하게 막는 잡초처럼 인간은 오직 인간종의 번식과 번성을 위해 다른 종을 마음껏 이용하고 착취한 "생태학적 대량 학살범"**3**이다.

　인간의 팽창과 문명이 다른 생명종의 죽음 위에 세워진 왕국에 다름 아니라면 인간은 이 죽음의 연쇄 작용에 책임질 의무가 있다. 다른 생명종의 멸종 채무extinction debts를 짊어지는 것은 생태 위기에 처한 지구가 보내는 시그널에 응답하는 일이자 눈앞으로 다가온 새로운 대멸종의 시대를 정면에서 마주하고 이를 타개할 방안을 모색하는 첫걸음이다.

먹이 그물 바깥의 최상위 포식자

자연에서 모든 생명 존재는 먹고 먹히는 먹이사슬과 먹이 그물 안에 위치한다. 토끼는 풀을 뜯어 먹고, 사자는 토끼를 잡아먹는다. 사자가 죽음을 맞이하면 사자의 몸은 먼저 독수리와 하이에나에게 뜯기고 이어서 작은 벌레와 곤충의 만찬장이 된다. 다른 존재에게 피와 살과 영양분을 내준 사자는 마침내 땅으로 돌아가 식물의 거름이 되고, 그 거름 속에서 자란 어린 풀잎을 다시 새끼 토끼가 뜯어먹는다. 이처럼 생명

---

2 〔옮긴이 주〕 Edward O. Wilson, *The Meaning of Human Existence*, Liveright, 2015, pp.123~124.

3 〔옮긴이 주〕 디르크 슈텐페스, 프리츠 하베쿠스, 『인간의 종말: 여섯 번째 대멸종과 인류세의 위기』, 전대호 옮김, 해리북스, 2021, 61쪽.

에 담긴 에너지를 나누고 교환하는 먹이사슬과 먹이 그물은 자연의 필수 조건이다. 이 조건으로부터 벗어난 존재는 절대 존재할 수 없다. 하지만 자연의 주인으로 군림하고자 하는 인간은 이 먹이사슬을 거부하고 자신을 먹이 그물의 바깥에 위치시킨다. 인간은 자신에게 스스로 부여한 최상위 포식자의 위치에서 자연의 먹이사슬과 먹이 그물을 먼발치에서 관망하고, 한 발 더 나아가 자연을 마음껏 좌지우지할 수 있는 주인master으로 스스로 설정한다.

호주 페미니스트 생태철학자인 발 플럼우드는 서구 철학을 지탱해온 인간과 자연의 이원론이 자신을 주인으로 자처한 인간의 오만함을 떠받치고 있다고 지적한다. 인간/자연 이원론은 인간은 오직 인간만이 누릴 수 있는 특권인 이성과 정신과 합리성으로 무장하였기 때문에 지구상 그 어떤 존재보다 우월하고, 우월하기 때문에 마땅히 다른 존재를 다스리고 통치할 권리가 있다고 가정한다. 이 지점에서 플럼우드는 인간 우월주의와 인간중심주의의 토대 위에 구축된 서구 문명이 주인 모델master model을 취하고 있다고 설명한다.[4] 자신을 주인으로 정의하고 자연 위에 군림하는 인간의 오만함은 이제 그 정도가 지나치기에 인간을 다시 겸손하게 만들어줄 계기와 이야기가 필요하다.

발 플럼우드, 플럼우드산에서 다시 태어나다

플럼우드는 인간을 다시 겸손하게 만드는 이야기의 핵심이 바로 먹이와 죽음이라고 본다. 그는 제2차 세계대전이 발발한 해인 1939년 8월 11일 호주의 작은 시골 마을에서 태어났다. 3장 「균형 잡힌 바위의 지혜: 평행우주와 먹이의 관점」에서도 살짝 비추어졌듯 플럼우드의 부모님은 작은 농장을 운영하며 겨우 생계를 이어나갔다. 그녀는 매일 등교하는 대신 며칠에 한 번만 등교하는 통신학교에 다녔기 때문에 유년 시절 부모님이 일하는 낮 시간 동안 농장 옆의 숲에 들어가 시간을 때웠다. 숲에서 만난 나무와 바위, 시냇물과 바람, 지렁이와 새가 그의 친구였다. 플럼우드의 부모님이 높은 교육열을 보이지는 않았지만, 숲에 대한 관심과 탐구는 자신이 살고 있는 세계에 대한 탐구로 자연스레 이어졌다. 플럼우드는 남부 교외 지역인 코가라에 위치한 세인트조지 여자고등학교를 우등생으로 졸업했고, 그 덕에 시드니대학교 진학을 위한 장학금도 받을 수 있었다.

---

4 〔옮긴이 주〕 Val Plumwood, *Feminism and the Mastery of Nature*, Routledge, 1993.

뉴사우스웨일스를 떠나 시드니에서 대학생활을 시작한 플럼우드는 철학을 전공하며 여러 친구를 사귀게 된다. 그는 대학 동료인 존 맥크레이John Macre와 만나던 중 임신하여 1958년 그와 첫 번째 결혼식을 올리게 된다. 이때 태어난 아이가 바로 첫째 아들 존이다. 1년 뒤인 1959년에는 둘째 딸 케이틀린Caitlin이 태어난다. 하지만 아직 학업도 마치지 못한 어린 부부가 두 아이를 키우는 것은 심리적으로도 부담스러운 일이었고, 경제적으로도 넉넉지 않았다. 이 때문에 맥크레이와 플럼우드는 종종 다투게 되었고, 한 번 멀어진 둘 사이는 결국 좁혀지지 않아 1961년 중순 이혼으로 이어졌다. 두 아이를 모두 책임질 수 없었던 플럼우드는 고민 끝에 둘째 딸인 케이틀린을 입양 보냈다. 이때 케이틀린은 생후 18개월에 불과했다. 플럼우드에게 일평생 자식은 존과 케이틀린 둘뿐이었다. 입양 보낸 딸은 10대 때 살해 당했고 하나 남은 아들은 관절염과 강직 척추염으로 고생하다가 1988년 8월의 어느 날, 스물아홉의 나이로 요절했다.

　　이혼과 딸의 입양이라는 큰 아픔이 있었지만, 플럼우드는 아픔을 이겨내고 학업을 이어나가 1964년 우수한 성적으로 대학을 졸업했다. 이때 그에게 큰 힘이 되었던 사람이 바로 리처드 라우틀리Richard Routley다. 그는 생태, 특히 호주 숲에 관심을 갖고 연구하던 동료였다. 유년 시절부터 숲에서 많은 시간을 보냈던 플럼우드는 라우틀리와 많은 부분에서 통했고, 그들은 서로 의지했다. 인간이나 문화의 개입은 최소화한 채 주로 자연에서 거주하고 생각하기를 염원했던 라우틀리의 고집이 때때로 플럼우드를 힘들게 하기도 했지만, 둘은 행복한 시간을 보냈다. 일례로 라우틀리는 20세기 문물을 최대한 이용하지 않고자 했다. 심지어 컴퓨터를 사용하지 않아 수기로 기록된 필기나 글, 논문을 컴퓨터의 전자 문서로 정리하는 사람을 따로 고용할 정도였다. 그럼에도 숲을 매개로 상당히 돈독해진 둘의 관계는 더욱 발전하여 1965년 뉴사우스웨일스의 한 도시인 알미데일에서 결혼하였다. 플럼우드에게는 두 번째 결혼이었고, 이때 플럼우드의 이름은 두 번째 남편의 성을 따서 발 라우틀리Val Routley로 바뀌었다. 이로써 플럼우드는 세 번째 이름을 갖게 된 것이다. 첫 번째 이름은 부모님이 지어준 발레리 모렐Valerie Morrell이었고, 두 번째 이름은 첫 번째 남편의 성을 딴 발레리 맥크레이 Valerie Macrae였다.

라우틀리 부부는 결혼 이후 줄곧 그들이 머물 보금자리를 찾아 호주 곳곳을 탐방했다. 그리고 마침내 1974년 그들의 마음에 쏙 드는 안락한 보금자리를 뉴사우스웨일 남부 지역에서 발견했다. 그들이 찾은 공간 뒤편으로는 플럼우드산 Plumwood Mountain이 장엄한 경관을 자랑했고, 조금 걸어 나 가면 깊은 계곡과 강이 멋진 모습을 드러냈다. 이들은 약 1년 간 노력한 끝에 새로운 보금자리의 법적 소유권을 얻는 데 성공했다. 비록 숲속 공간을 소유한다는 것이 지금껏 그들 이 지향해온 입장과 일정 부분 상충하기도 했지만, 그런 위 험을 부담할 만큼 그곳은 매력적이었다. 라우틀리 부부는 1975년부터 약 5년에 걸쳐 그곳에 손수 집을 지었다. 주요 재료는 플럼우드산에서 찾은 돌과 바위와 나무였다. 정원 에서부터 집의 지붕에 이르기까지 이들이 손이 닿지 않은 곳은 없었다. 집이 완공되기 전까지 캔버라 지역에서 머물 던 라우틀리 부부는 완공 이후 새로운 보금자리로 이사 갔 지만, 당시 열일곱 살이었던 아들 존은 캔버라 지역에 계속 머무르겠다고 주장했다. 아들의 고집을 꺾을 수 없었던 플 럼우드는 끝내 아들의 의견을 존중했지만, 이후 아들이 정 신분열증과 퇴행성 질병으로 세상을 떠나자 지난날의 선택 을 꽤나 후회했던 것으로 알려졌다. 플럼우드는 자신이 머 무는 플럼우드산에서 몇 마일 떨어진 시골 마을 메이저스크 릭에 위치한 작은 공동묘지에 아들을 묻었다. 이 책의 7장 「무미: 먹이로서 죽음에 접근하기」에서 언급한 아들의 묘지가 바로 이곳이다.

라우틀리 부부는 아들 존을 잃었지만, 숲에서 거주하며 생활하고 사유하면서 그 아픔을 치유할 수 있었다. 새로운 보금자리에서 라우틀리 부부의 관계는 더없이 끈끈해졌고, 서로를 단단히 지탱했다. 1975년 함께 출간한 『숲을 위한 투쟁』에서 두 사람은 호주 산림 산업을 철학적으로 깊이 있게 논의했다. 부부가 산에서, 숲에서, 손수 만든 집에서, 정원에서 나누는 대화는 두 사람의 연구를 예기치 못한 방식으로 풍요롭게 만들었다. 이를테면 라우틀리 부부는 1973년부터 「인간 우월주의와 환경 윤리」를 주제로 한 논문에 착수하였다. 이 글은 무려 7년 후인 1980년에 완성되어 『환경 철학』의 한 꼭지로 출간되었다. 그 분량은 무려 90쪽을 가뿐히 넘긴다. 분명 라우틀리 부부는 험난한 삶을 함께 견디는 인생의 동반자이자 숲으로 떠나는 지적 여정의 동반자였다.

하지만 둘의 놀랍도록 친밀한 동반자 관계는 1981년 중반 막을 내렸다. 둘의 관계에서 리차드 라우틀리의 연구와 관심이 우선시되는 상황에 플럼우드는 종종 불만을 표현했다. 더욱이 라우틀리와 그의 옆에서 함께 연구하던 루이스 미릴린Louise Mirlin의 의심스러운 관계가 라우틀리 부부 사이를 소원하게 만들었다. 한 번 틀어진 두 사람의 관계는 회복되지 못한 채 끝이 났다. 이때 문제가 된 것은 그들이 15년 넘게 함께 가꾼 집이었다. 긴 세월 동안 두 사람은 손수 돌을 나르고, 돌벽을 쌓고, 정원을 가꾸고 매일 주변 숲을 산책했기 때문에 집에 대한 소유권을 포기하기란 상당히 어려운 일이었다. 결국 둘 중 누군가는 오랜 세월에 걸쳐 축적된 애착의 장소를 떠나야 했다. 둘은 몇 번의 토의와 논쟁 끝에 리처드 라우틀리가 이곳을 떠나고 플럼우드가 남기로 결정했다. 라우틀리는 이곳에서의 생활을 정리하고 캔버라로 돌아갔고, 그때 다른 집을 구매하여 그곳에서 미릴린과 새로운 가정을 꾸렸다. 일련의 사건을 겪은 후 라우틀리 부부는 마침내 1983년 3월 25일 공식적으로 이혼했다. 이듬해인 1984년 리처드 라우틀리는 자신의 이름을 리처드 실반Richard Sylvan으로 개명했다. 그와의 이혼으로 이제 라우틀리라는 성을 유지할 필요가 없었던 플럼우드도 고민 끝에 플럼우드산의 이름을 따서 발 플럼우드Val Plumwood로 개명했다. 정확하게 말하자면 플럼우드산에 자라는 유크리피아 무레이Eucryphia moorei 나무에서 그 이름을 따왔다. 이 나무는 호주에서 플럼plum, 플럼우드plumwood, 핑크우드pinkwood, 스팅크우드stinkwood 등 다양한 명칭으로 불린다. 리처드 실반과 발 플럼우드, 바뀐 두 사람의 이름처럼 이제 두 사람이 함께했던 추억과 연구는 모두 과거의 일이 되었다. 1984년에 얻은 네 번째 이름이자 마지막 이름인 '발 플럼우드'라는 이름을 통해 그는 새로이 태어났고, 새로운 삶의 여정을 앞두고 있었다.

포식자에서 먹이로 전락하다

리처드 라우틀리와의 관계를 정리한 후 새로운 삶을 살기 시작한 플럼우드가 맞닥트린 첫 번째 고난은 악어에게 잡아먹힐 뻔한 사건이다. 1985년 2월 호주 카카두국립공원에서 홀로 카누를 타고 즐기던 플럼우드는 갑자기 카누에 올라타 자신을 공격한 악어에게 죽음의 소용돌이를 세 번이나 당한다. 잘 알려져 있듯 악어는 먹이로 겨냥한 대상을 물고 물속으로 끌고 들어가 질식시킨다. 악어가 펼치는 죽음의 소용돌이로부터 살아남을 가능성은 매우 희박하지만, 플럼우드는 이 소용돌이를 세 번이나 겪고도 기적적으로 물에서 빠져나왔다. 그는 극심한 상처를 입었지만, 자신을 도와줄 사람들을 발견할 때까지 몇 시간이고 길바닥을 기었고. 마침내 한

공원 관리인이 그를 발견하여 병원으로 긴급 이송한 덕분에 살아남을 수 있었다.

악어에게 공격 당해 잡아먹힐 뻔한 사건은 분명 매우 이례적인 일이다. 플럼우드는 한편으로는 기적 같고, 다른 한편으로는 기이하고 기괴한 이 사건의 생존자였다! 이 사건으로 플럼우드는 호주 전역에서 유명세를 치르게 되었다. 실제로 플럼우드가 병원에서 회복하는 동안 여러 종교 단체와 TV 프로그램의 인터뷰 요청이 쇄도했다. 하지만 플럼우드는 자신의 경험이 그저 종교적 권유나 오락물의 한 소재로 쓰이는 걸 거부했다.[5] 자신이 악어에게 잡아먹힐 뻔한 사건이 그저 단순한 사고가 아니라 어쩌면 서구 문명이 견지해온 인간중심주의적 사고에 균열을 일으킬 중대한 사건일 수도 있다고 생각했기 때문이다.

그렇다면 포식자로 군림하는 인간이 먹이로 전락한 사건은 어떤 메시지를 전달하는가? 1985년 악어에게 공격 당한 이래 2008년 2월 28일 뇌졸중으로 세상을 떠나기 전까지 그가 줄곧 천착한 질문이 바로 이것이다. 플럼우드는 스스로 주인이길 자처하는 서구의 주인 모델이 오늘날의 생태 위기를 초래했다고 바라보고, 그 오만한 생각을 거두고 겸손한 자세를 취해야 한다고 주장한다. 이때 필요한 것은 인간이 다른 존재보다 월등히 우세하고 우월하다는 거짓된 허영을 벗기고, 그 허영이 꼭꼭 숨겨둔 인간의 가장 비밀스러운 진리를 드러내는 것이다. 그 진리는 인간은 자연과 동떨어진 존재 혹은 자연의 먹이사슬과 먹이 그물 바깥에 위치한 존재가 아니라 자연 안에서 자연을 통해 자연과 함께 생명을 얻고 성장하며 죽음으로 돌아가는 존재라는 점이다.

바로 이 깨달음은 인간의 오만함을 겸손한 이야기로 교정하기 위해 무엇이 필요한지 보여준다. 플럼우드에 따르면 우리에게 필요한 것은 인간을 잡아먹는 악어와 같은 무시무시한 야생동물을 피해 인간이 다닐 안전한 길을 만드는 것이 아니다. 인간이 사용할 '값싼 자원'이 소진되는 것을 막기 위해 인간중심적인 환경 정책을 남발하는 것도 아니다. 우리에게 필요한 것은 그 오만함을 벗겨내는 날카로운 균열이다. 플럼우드에게 그 균열은 악어의 이빨로 나타났기 때문

---

5 〔옮긴이 주〕 플럼우드가 모든 인터뷰와 방송 출연을 거절한 것은 아니다. 1988년 50분짜리 다큐멘터리로 제작된 영화 〈카카두: 악어의 땅(Kakadu: Land of the Crocodiles)〉에 참여하여 자신이 공격 당한 카카두국립공원을 다시 방문했다. 2005년에는 25분짜리 다큐멘터리 영화 〈계속 살아간다(Living on)〉에 출연하여 생존 경험을 인터뷰하기도 했다.

에 악어의 공격 이후 그가 회복해야 했던 것은 몸에 새겨진 악어의 이빨 자국 그 자체라기보다는 악어의 이빨 자국이 드러낸 평행우주의 관점이다. 이 점에서 악어의 이빨은 인간이 주인으로 군림하는 제왕적 문화에서 빠져나와 평행우주로 가는 길을 안내하는 흔적이고, 악어는 그 길을 개방하는 안내자다. 호주 원주민 신화에서 '트릭스터'는 장난을 거는 자, 사람들의 인식을 혼란스럽게 만드는 자를 의미한다. 이 때 트릭스터가 꼭 인간의 형상을 취할 필요는 없다. 오히려 트릭스터는 악어나 코요테처럼 인간의 관점과 언어로 이해하거나 포섭할 수 없는 존재로 나타난다. 트릭스터는 세계의 중심은 인간이고, 이성으로 무장한 인간의 정신과 몸은 절대 침투 불가하다고 가정하는 인간의 편향적 중심성을 비웃고 이를 정면에서 찢어버린다. 따라서 송곳 같은 이빨을 자랑하며 플럼우드의 살을 뚫은 악어는 트릭스터요, 이 트릭스터가 찢어낸 것은 인간중심주의와 인간우월주의인 것이다.

플럼우드에 따르면 트릭스터의 등장으로 만물을 관찰하고 관리하여 정의 내리는 인간의 지위와 그 아래에서 인간의 지시에 순응하는 자연, 동물, 비인간의 지위는 순식간에 뒤집어진다. 인위적으로 구성한 위계질서는 무너지고, 이제 인간과 비인간은 본래 그러했듯 자연 속에서 상호 평등한 위

치에 존재한다. 어떠한 위조나 날조도 개입되지 않는다. 이
때 비로소 인간은 인간과 자연을 과도하게 분리한 서구의 주
인 모델을 진지하게 반추하고 비판적으로 성찰할 수 있다.
플럼우드는 종종 게리 라슨의 만화를 인용한다. 라슨의 만
화는 인간을 잡아먹은 듯한 두 악어의 모습을 보여준다. 한
악어는 다른 악어에게 "정말 멋졌어! 머리카락도 없고, 발굽
도 없고, 가죽도 없고, 그저 하얗고 부드럽고 즙이 많았어!"
라고 말한다. '하얀' 인간이 동물에게 잡아먹혔을 뿐 아니라,
인간이 고기 맛을 음미해 온 방식 그대로 악어에게서 평가받
는 모습을 가감 없이 보여주는 것이다. 정신의 발전 수준에
따라 존재의 위계를 결정한 서구 철학에서 자연스럽게, 그리
고 당연히 최상위에 위치한 백인이, 가장 낮은 곳에 위치한
야생동물에게 잡아먹힌 사건은 엄청난 충격을 자아낸다. 이
는 플럼우드의 지적대로 결코 있을 수도, 상상할 수도 없는
일이다. 하지만 플럼우드는 자신의 트라우마적 경험을 기꺼
이 공유함으로써 이러한 사건이 실제 일어날 수 있는 일임을
증명한다. 포식자에서 먹이로 전락하는 인간의 모습은 우리
에게 더 겸손한 자세를 취하라고 요구한다.

함께 수행되어야 하는 두 과제

트릭스터인 악어가 인간에게 더 겸손한 자세를 취하라고 명령한다면 우리는 어떻게 그 명령에 따를 수 있는가? 플럼우드는 이를 위해 두 가지 과제를 제시한다. 첫 번째 과제는 지금껏 자연과 멀리 떨어져 있다고 가정했던 인간을 생태적 관점에서 다시 위치시키는 것이고, 두 번째 과제는 그저 자연 영역에서만 그 존재를 인정 받았던 비인간 존재를 윤리적 관점에서 다시 위치시키는 것이다. 이 두 과제는 함께, 그리고 동시에 수행되어야 한다. 오늘날 서구 문명이 처한 생태 위기는 두 과제 중 한 과제만을 편향적으로 다루고 있기 때문에 발생한 것이다. 예컨대 자연의 문제에만 몰두한 심층생태학은 인간을 자연 내에 재위치화하지 못한다. 다른 한편 플럼우드가 '생태적 합리주의'라고 명명한 사회생태론은 인간 내부의 문제가 해결되면 자연의 문제는 자연스레 해결된다고 보기 때문에 비인간 존재를 문화 내에 다시 위치시키지 못한다. 결국 두 입장은 생태 위기를 해결해야 한다는 문제의식을 공유함에도 자연과 문화를, 인간과 비인간을 분리하여 사유한다는 점에서 한계를 보인다.[6]

두 과제를 동시에 고려하는 것은 인간이 우리가 거주하

는 지구 행성의 주인master이나 다른 존재를 흡수하는 괴물 monster이 아니라 다른 생명 존재와 마찬가지로 먹이 그물 내에 평등하게 존재하는 지구 공동체의 일원이라는 점을 상기시킨다. 따라서 자연, 동물, 식물 등 비인간 존재는 우리 인간과 동일하고 평등한 지위를 가진 지구적 타자earth others라 하겠다. 플럼우드는 비인간 존재를 인간의 사용 목적에 맞게 처리해온 주인 모델을 폐기하고, 지구적 타자와의 상호 의존성과 상호 연관성을 인정하는 생태적 자아 모델을 구축하라고 요구한다. "생태적 자아는 관계적 자아의 한 유형으로 볼 수 있다. 이것은 자신의 주요 목적에 지구적 타자와 지구 공동체의 번영이라는 목표를 포함한다."⁷ 생태적 자아는 인간과 비인간 사이에 결코 넘어설 수 없는 확고한 구분 선을 긋는 대신 모든 생명 존재는 죽음과 생명이 끊임없이 순환하는 자연 속에서 먹고 먹히며 그리하여 에너지를 공유하는 친족 관계라는 점을 인정한다. 이 모델이 취하는 입장이 바로 생

6 〔옮긴이 주〕사회생태론과 심층생태론에 대한 플럼우드의 비판에 대해서는 김지은 「다시 에코페미니즘: '생태계의 천사'를 넘어 지구 공동체로의 여정」, 『도래할 유토피아들』(알렙, 2021)을 참조하기 바란다.

7 〔옮긴이 주〕Val Plumwood, *Feminism and the Mastery of Nature*, p.154.

태동물주의이자 생태적 실존주의인 셈이다.

자연의 역동적 목소리를 경청하기

지금껏 지구는 획일화된 인간의 목소리로 점거 당했다. 이른바 주류 문화에서 패권을 잡고 있는 서구 백인 중산층 남성의 목소리가 일자—耆를 가장하여 이 세계에 여러 지시를 내려왔다. 플럼우드는 보편주의의 탈을 쓰고 명령을 내려온 이 목소리가 주목하지 않은 자연의 역동적 목소리에 귀 기울이라고 요청한다. 예를 들어 주인 의식을 장착한 탐험가는 호주 안헴랜드의 스톤컨트리를 개척해야 할 미지의 땅으로 볼 것이다. 하지만 플럼우드에게 이곳은 "어머니 대지와 아버지 하늘 간의 격렬한 부부 싸움으로 10억 년에 걸쳐 형성"(29쪽)된 땅이자 "풍화된 돌이라는 대지 서사의 무한한 다양성을 매번 새롭게"(30쪽) 드러내는 공간이다. 이 공간은 결코 텅 빈 공간, 그리하여 외부에서 의미가 새겨지길 기다리는 무의 공간이 아니다. 그 공간은 그곳에서 태어나고 살아가고 죽은 수많은 지구적 타자의 대화가 겹겹이 쌓인 공간이다. 주인의 눈에 이곳은 침묵하는 공간이지만, 호주 원주민에게 이 공간은 의미로 꽉 찬 공간이다. 플럼우드는 "우리가 이 땅에 진정 문화적으로 속하고자 한다면, 그리고 이 땅의 고유성과 힘을 경청하고 존중하는 교류 방식을 발전시키고자 한다면 우리가 지금 취해야 하는 것"(76쪽)은 존중과 경청의 자세라고 단언한다. 플럼우드의 든든한 동료이자 그의 마지막 길을 배웅한 데버라 버드 로즈는 이후 그의 지구 공동체 개념을 다종 공동체multispecies community 개념으로 확장한다. 이제 우리는 인간의 관점에서 인간만을 위한 생태 위기나 멸종 위기 대책을 고안하는 것이 아니라 지구적 타자와 지구 공동체, 다종 공동체를 위한 생태적 레퓨지아(피난처)를 건설해야 한다. 그 길만이 죽음이 생명으로 순환되지 못하고 죽음으로 중첩되는 '이중 죽음double death'의 시대를 끊어낼 유일한 방안이라 하겠다.

플럼우드의 글에는 그가 걸어서 스쳐 지나가는 공간과 그곳에 거주하는 지구적 타자들에게 보내는 존중이 녹아 있고, 그들에 대한 경청의 노력이 담겨 있다. 따라서 플럼우드의 글을 번역하는 것은 그와 함께 호주의 안헴랜드를, 카카두국립공원을, 플럼우드산을 조심스레 방문해보는 여정에 가까웠다. 호주 곳곳을 둘러보는 플럼우드의 시선은 미지의 공간에 새로운 이름을 붙이려는 탐험가의 시선이나 쓸 만한 무언가를 발견해 한껏 이용하려는 자본가의 시선과는 확연히 다르다. 그는 매 순간 그 공간에, 그리고 그 공간을 일군 지구 공동체에게 허락을 구하며 그 안으로 들어선다. "친구야, 다시 한번 우스꽝스러운 쿠이 콜이야! 여기 입이 크고 맛없는 또 다른 호주인이 지나가."(87쪽)라고 외치는 플럼우드의 모습을 떠올려보자.

분명 이 책은 악어에 잡아먹힐 뻔한 사건을 철학적으로, 생태적으로 사유하고 있지만, 딱딱한 학술서나 이론서는 아니다. 지침서도 아니다. 오히려 악어의 눈을 통해 평행 우주를 힐끗 바라본 플럼우드가 그 우주의 존재를 믿지 않는 독자에게 친절히 그 길을 보여주는 안내서에 가깝다. 언제가 죽어 다시 땅으로 돌아가야 하는 인간의 취약성을 그어느 때보다 진지하게 고민해야 할 때다. 플럼우드는 자신이 경험한 이야기, 즉 오만함을 떨쳐내고 우리를 겸손하게 만드는 이야기의 여정에 독자를 초대하며 안내자와 동반자를 자처한다. 특히 이 책은 일평생 자신이 이룬 철학적 숙고를 대중과 나누고자 기획되었으므로 국내 독자에게는 낯선 플럼우드를 처음 소개하기에 적합한 책인 듯하다. 자연과 비인간 존재를 소통 가능한 윤리적 존재로 바라보는 플럼우드의 태도를 부드럽게 담아내고자 한국어의 종결 어미는 모두 높임법으로 처리했다는 점을 일러둔다. 또한 원서는 1부, 2부, 3부에 별도의 소제목을 붙이지 않았지만, 한국어판에는 번역자의 자의로 소제목을 달았다는 점도 밝힌다.

　플럼우드가 지구적 타자에게 존중을 갖춰 대한 것처럼 불쑥 찾아와 호주 페미니스트 환경철학자의 글을 번역하고 싶다고 밝힌 낯선 이에게 관심을 갖고 기회를 준 김유정 대표님, 그리고 조악한 글을 매끄럽게 교정해준 조나리 편집자님께 깊은 감사의 마음을 전한다. 생태 위기에 날카로운 진단을 건네지만, 그 진단에 함몰되기보다는 그 위기로부터 빠져나와 레퓨지아를 건설하고자 하는 플럼우드의 바람이 미래 세대에게 더 나은 내일을 전달하고자 하는 yeondoo 출판사의 설립 취지와 맞물려 더 많은 독자에게 전달되기를 바란다.

2023년 1월
수원에서 김지은

참고 문헌

Adams, Carol, 'Ecofeminism and the Eating of Animals', *Hypatia*, Vol. 6
  No. 1, 1991, pp. 125~145.

_____, 'The Feminist Traffic in Animals', in Greta Gaard, ed.
  Ecofeminism: Women, Animals and Nature, Philadelphia,
  Temple University Press, 1993.

_____, *The Sexual Politics of Meat*, New York, Continuum, 1994.

_____, *Neither Man nor Beast: Feminism and the Defense of Animals*,
  New York, Continuum, 1994.

_____, 'Comments on George's "Should Feminists Be Vegetarians?"',
  Signs, Autumn 1995, pp. 221~229.

Berger, John, *About Looking*, New York, Vintage, 1991.

Brown, C. Stone, 'Prison Guards Fund Governor for Presidential Race',
  Z Magazine Sept/October, 1995.

Collard, Andree with Joyce Contrucci, *Rape of the Wild: Man's Violence
  against Animals and the Earth*, Bloomington, Indiana University Press,
  1989.

Connolly, William E. 'Voices from the Whirlwind', in Jane Bennett & William
  Chaloupka eds. *In the Nature of Things*, Minneapolis, University of
  Minnesota Press, 1993.

Cook, Francis, *Hua-Yen Buddhism: The Jewel Net of Indra*, Philadelphia,
  Pennsylvania University Press, 1977.

Dryzek, John, *Discursive Democracy*, Cambridge, Cambridge University Press,
  1990.

Frye, Marilyn, *The Politics of Reality*, New York, The Crossing Press, 1983.

Harding, Sandra, *Whose Science, Whose Knowledge?* Milton Keynes,
  Open University Press, 1991.

Harvey, Graham, *Animism: Respecting the Living World*, New York,
  Columbia University Press, 2006.

Hickory, Shagbark, 'Environmental Etiquette/environmental Practice;

American Indian Challenges to Mainstream Environmental Ethics',
in Max Oelschlaeger ed. *The Company of Others: Essays in Celebration
of Paul Shepard*, Durango, Colorado, Kivaki Press, 1995.

Hughes, Robert, *The Fatal Shore*, Collins, 1987.

Ingold, Tim, *The Perception of the Environment: Essays in Livelihood,
Dwelling and Skill*, London, Routledge, 2000.

Kheel, Marti, 'From Heroic to Holistic Ethics', in Greta Gaard, ed. *Ecofeminism:
Women, Animals and Nature*, Philadelphia, Temple University Press,
1993.

Kheel, Marti, 'Licence to Kill: An ecofeminist Critique of Hunters' Discourse',
in Adams & Donovan, eds. *Animals and Women*, Duke University
Press, 1995.

King-Smith, Dick, *The Sheep-Pig*, Harmondsworth Middlesex, Puffin Books,
1983.

Mathews, Freya, *For Love of Matter: A Contemporary Panpsychism*, New York,
SUNY, 2003.

_____, *Reinhabiting Reality: Towards a Reecovery of Culture*, New York,
SUNY, 2005.

_____, 'Vale Val,' *Environmental Values*, Vol. 17, 2008, pp. 317~321.

Merchant, Carolyn, *The Death of Nature: Women, Ecology and the Scientific
Revolution*, London, Wildwood House, 1980.

Midgley, Mary, *Animals and Why They Matter*, London, Penguin, 1983.

Moriarty, Paul Veatch, & Mark Woods, 'Hunting ≠ Predation', *Environmental
Ethics*, Vol. 19, Winter, 1997.

Noske, Barbara, *Humans and Other Animals*, London, Pluto Press, 1989.

Palmer, J., *50 Key Thinkers on the Environment*, London, Routledge, 2001.

Plumwood, Val, *Feminism and the Mastery of Nature*, London, Routledge,
1993.

_____, 'Androcentrism and Anthrocentrism: Parallels and Politics', *Ethics and the Environment* Vol. 1 No. 2, 1996, pp. 119~152.

_____, *Environmental Culture: The Crisis of Reason*, London, Routledge, 2002.

_____, 'Being Prey', in *Terra Nova*, Vol. 1, No. 3 Summer 1996, pp. 32~44.

_____, 'Towards a Progressive Naturalism', in T. Heyd ed. *Recognizing the Autonomy of Nature*, New York, Columbia University Press, 2005, pp. 25~53.

_____, 'The Concept of a Cultural Landscape', *Ethics and the Environment*, Vol. 11, No. 2, 2006, pp. 115~150.

_____, 'Journey to the Heart of Stone,' in *Culture, Creativity and Environment: New Environmentalist Criticism*, eds. F. Beckett and T. Gifford, Amsterdam, Rodopi, 2007, p. 17.

_____, 'Review of Deborah Bird Rose's *Reports from a Wild Country*,' *Australian Humanities Review*, Vol. 42, 2007.

_____, 'The Cemetery Wars: Cemeteries, Biodiversity and the Sacred,' *Local–Global: Identity, Security and Community*, Vol. 3. Special issue: Exploring the Legacy of Judith Wright, eds. Martin Mulligan and Yaso Nadarajah, 2007, pp. 54~71.

_____, 'Nature in the Active Voice,' *Australian Humanities Review*, Vol. 46, 2009, pp. 113~129.

Robbins, John, *Diet for a New America*, Walpole, N.H, Stillpoint, 1987.

Rose, Deborah Bird, *Nourishing Terrains: Australian Aboriginal Views of Landscape and Wilderness*, Canberra, Australian Heritage Commission, 1996.

_____, *Reports from a Wild Country*, Sydney, University of New South Wales Press, 2004.

Snyder, Gary, *The Practice of the Wild*, New York, North Point Press, 1990.

Waller, David, 'A Vegetarian Critique of Deep and Social Ecology', *Ethics and the Environment*, Vol. 2 No. 2, 1997, pp. 187~198.

Wittgenstein, Ludwig, *Philosophical Investigations*, Oxford, Blackwell, 1954.

감사의 글

기존에 출판된 발 플럼우드의 글을 이 책에 다시 실을 수 있게 허락해준 관계자 분들에게 고마운 마음을 전한다.

1장 「포식자와의 만남」의 출처는 다음과 같다.
'Being Prey' in *Terra Nova*, Vol. 1, No. 3 Summer, 1996, pp. 32~44.

6장 「동물과 생태: 더 나은 통합을 향해」의 출처는 다음과 같다.
Food for Thought, ed. S. Sapontzis, Prometheus Books, New York, 2004, pp. 344~358.

7장 「무미: 먹이로서 죽음에 접근하기」의 출처는 다음과 같다.
Environmental Values, Vol. 17, Issue 3, 2008, pp. 323~330.

『애니멀 이슈』의 편집자인 데니스 러셀 박사의 도움으로 플럼우드의 글 두 편을 책에 싣게 되었다. 'Birubi, in Memoriam: A Wombat Wake', *Animal Issues*, Vol. 4, No. 1, 2000, pp. 21~29 and 'Babe, the Tale of the Speaking Meat', *Animal Issues*, Vol. 1, No. 1, 1997, pp. 21~35 and Vol. 1, No. 2, 1997, pp. 21~30.

악어의 눈

포식자에서 먹이로의 전락

초판 1쇄 발행 2023년 2월 27일
초판 2쇄 발행 2023년 12월 11일

지은이   발 플럼우드
옮긴이   김지은

편집   김유정, 조나리
디자인   피크픽
표지그림 박찬국

펴낸이   김유정
펴낸곳   yeondoo
등록   2017년 5월 22일 제300—2017—69호
주소   서울시 종로구 부암동 208—13
팩스   02—6338—7580
메일   11lily@daum.net
ISBN   979-11-91840-34-6 03100

이 역서는 2021년 대한민국 교육부와 한국연구재단의 지원을 받아 수행된 연구입니다.
(NRF-2021S1A5B5A17049473)